日 本 語 会 話

日 語 會 話

日本語会話
日本語・広東語・北京語

桑戴維・村上仁

香 港 城 市 大 學 出 版 社
City University of Hong Kong Press

©2010 香港城市大學
2011年第二次印刷

國際統一書號：978-962-937-160-9

出版

香港城市大學出版社
香港九龍達之路
香港城市大學
網址：www.cityu.edu.hk/upress
電郵：upress@cityu.edu.hk

錄音：村上仁、張欣、李燕玲

©2010 City University of Hong Kong

Conversation Guide
Japanese • Cantonese • Mandarin
(in traditional Chinese characters)

First published 2010
Second printing 2011

ISBN: 978-962-937-160-9

Published by
City University of Hong Kong Press
Tat Chee Avenue
Kowloon, Hong Kong
Website: www.cityu.edu.hk/upress
E-mail: upress@cityu.edu.hk

Printed in Hong Kong

目 錄

單元		（聲音檔案）頁碼

まえがき

本書は David Santandreu Calonge 氏の3カ国語会話集シリーズのフランス語、イタリア語、スペイン語、韓国語に続く日本語版として出版されました。構成としては、基本的にこれまでのシリーズのものを受け継いでおり、本シリーズの最大の特色とも言える広東語、北京語 (中国標準語) を加えた3カ国語のフレーズ集となっています。また、日本語を学習する中国語話者のみならず、広東語・北京語を学ぶ日本語話者にも利用できるようにそれぞれの母語話者による音声ファイルを収録しました。実用的な場面を想定し、日常生活や観光などでよく用いられるフレーズを選定しました。また、日本での身近な話題をコラムで紹介し、日本の社会や文化についてより深く知ってもらうことも目指しています。尚、表記については、より発音を意識しやすいように、漢字を用いずひらがな・カタカナにローマ字を加えています。本書が多くの方々の観光、出張等のわずかな手助けにでもなればと願っております。

最後に、本書の発刊にあたり、中国語からの翻訳の初稿の大部分を担当してくださったマギー梁安玉氏、録音作業に協力いただいた張欣、李燕玲の両氏、また、さまざまな助言、提案をくださった香港城市大学出版社の陳明慧氏に心より感謝の意を表します。

2010年7月
村上 仁

序言

本書為桑戴維先生繼《法語會話》、《意大利語會話》、《西班牙語會話》及《韓語會話》後，最新推出之「外語會話系列」的日本語日常用語集。本書除了在結構上繼承過去一系列的最大特色：以日語、廣東話及普通話三種不同語言作為教材的概念外，隨書更附有由上述三種語言為母語的人士所錄製的聲音檔案，一方面有助中國讀者以本書學習日語，另一方面日本讀者亦能以此來學習廣東話及國語。

另外，書中收錄了大量能使用於日常生活及觀光旅遊等的實用性詞彙，並以專欄形式介紹日本的時事話題，使讀者能更進一步了解日本的社會及文化背景。在標記方面，本書使用平假名/片假名及日語羅馬字，代替慣常的日語漢字，使讀者能更自覺地注重發音，期望讀者在閱畢本書後，能在應對觀光及工作等日常場合時起到一點幫助。

最後，在此衷心感謝在初稿時將大部分中文稿件翻譯成日語的梁安玉小姐，負責錄音工作的張欣小姐和李燕玲小姐，以及香港城市大學出版社編輯陳明慧小姐在本書製作過程中所提供的協助。

2010年7月
村上 仁

假名

日本語使用兩種叫「假名」的文字表音。一種為「平假名」（平仮名，hiragana），由漢字的草書演化而成，可為日語漢字注音，亦可直接表示日本語中的文法詞彙和非外來詞；另一種為「片假名」（片仮名，katakana），一般用來表示外來詞彙和在書寫時作強調用。

清音

表格內左邊的是平假名，右邊的是片假名。例如「あ」是平假名，「ア」是片假名，但它們的讀音同樣是[a]。

N	W	R	Y	M	H	N	T	S	K		
	wa わワ	ra らラ	ya やヤ	ma まマ	ha はハ	na なナ	ta たタ	sa さサ	ka かカ	a あア	a
		ri りリ		mi みミ	hi ひヒ	ni にニ	chi ちチ	shi しシ	ki きキ	i いイ	i
n んン	–	ru るル	yu ゆユ	mu むム	fu ふフ	nu ぬヌ	tsu つツ	su すス	ku くク	u うウ	u
	–	re れレ	–	me めメ	he へヘ	ne ねネ	te てテ	sē せセ	kē けケ	ē えエ	e
	wo(o) をヲ	ro ろロ	yo よヨ	mo もモ	ho ほホ	no のノ	to とト	so そソ	ko こコ	o おオ	o

濁音

此外，「K」、「S」、「T」、「H」行中的片假名可轉化為「濁音」，在假名的右上方加上兩點表示：

B	D	Z	G	
ba ば バ	da だ ダ	za ざ ザ	ga が ガ	a
bi び ビ	ji ぢ ヂ	ji じ ジ	gi ぎ ギ	i
bu ぶ ブ	zu づ ヅ	zu ず ズ	gu ぐ グ	u
be べ ベ	de で デ	ze ぜ ゼ	ge げ ゲ	e
bo ぼ ボ	do ど ド	zo ぞ ゾ	go ご ゴ	o

半濁音

「H」行中的假名又可轉化為「半濁音」，在假名的右上方加上小圈表示：

P	
pa ぱ パ	a
pi ぴ ピ	i
pu ぷ プ	u
pe ぺ ペ	e
po ぽ ポ	o

拗音

平假名為漢字表音時，有時會用到「拗音」。

P	B	Z	G	R	M	H	N	T	S	K	
pya ぴゃ ピャ	bya びゃ ビャ	ja じゃ ジャ	gya ぎゃ ギャ	rya りゃ リャ	mya みゃ ミャ	hya ひゃ ヒャ	nya にゃ ニャ	cha ちゃ チャ	sha しゃ シャ	kya きゃ キャ	ya や ヤ
pyu ぴゅ ピュ	byu びゅ ビュ	ju じゅ ジュ	gyu ぎゅ ギュ	ryu りゅ リュ	myu みゅ ミュ	hyu ひゅ ヒュ	nyu にゅ ニュ	chu ちゅ チュ	shu しゅ シュ	kyu きゅ キュ	yu ゆ ユ
pyo ぴょ ピョ	byo びょ ビョ	jo じょ ジョ	gyo ぎょ ギョ	ryo りょ リョ	myo みょ ミョ	hyo ひょ ヒョ	nyo にょ ニョ	cho ちょ チョ	sho しょ ショ	kyo きょ キョ	yo よ ヨ

日本語会話

日語會話

日本語	廣東話	普通話
こんにちは。 Konnichiwa.	你好	你 好 nǐ hǎo
おはようございます。 Ohayoogozaimasu.	早晨 / 你好	早 安 zǎo ān
こんばんは。(夜晚講) Konbanwa.	你好	你 好 nǐ hǎo
おげんき ですか。/ げんき? Ogenki desuka? Genki?	點呀 / 近排點呀？	你 近 來 怎 麼 樣？ nǐ jìn lái zěn me yàng
おかげさまで、げんきです。 Okagesamade, genki desu.	好，多謝	很 好 ， 謝 謝 hěn hǎo xiè xie
おげんきですか。(禮貌説法) Ogenki desu ka?	您呢？	您 呢？(禮貌説法) nín ne
げんき？ Genki?	你呢？	你 呢？ nǐ ne
ありがとうございます。/ Arigatoo gozaimasu すみません。 Sumimasen	好多謝你 / 唔該晒	謝 謝 你 xiè xie nǐ
すみません。 Sumimasen.	唔好意思	不 好 意 思 bù hǎo yì si
すきだよ (M) / すき (F)。 Suki dayo. (M) Suki. (F)	我鍾意你	我 喜 歡 你 wǒ xǐ huan nǐ

日本語	廣東話	普通話
… (V) たいです。 …　　　　tai desu.	我 想…	我　想 … wǒ　xiǎng
…たいです。 … tai desu.	我 哋 想…	我　們　想 … wǒ　men　xiǎng
なにがほしいですか。 Nani ga hoshii desu ka?	你 想 要 咩 呀？	你　想　要　甚　麼？ nǐ　xiǎng　yào　shén　me
…をみせてください。 … o misete kudasai.	畀 我 睇…	給　我　看　看 … gěi　wǒ　kàn　kan
…をさがしているのですが …　o sagashite iruno desu ga	我 搵 緊…	我　在　找 … wǒ　zài　zhǎo
みちにまよいました。 Michi ni mayoi mashita.	我 蕩 失 路 呀	我　迷　路　了 wǒ　mí　lù　le
またあとで。 Mata ato de.	遲 啲 見	一　會（兒）見 yī　huìr　jiàn
はい。 Hai.	係	是 的 shì　de
いいえ。 Iie.	唔 係	不　是 bù　shì
おねがいします。 Onegai shimasu.	唔 該 / 麻 煩 你	謝　謝　你 xiè　xie　nǐ
いいですね。 Ii desu ne.	好	好 hǎo
とてもいいですね。 Totemo ii desu ne.	非 常 好	很　好 hěn　hǎo

日本語	廣東話	普通話
すごくいいですね。 Sugoku ii desune.	超好	十 分 好 shí fēn hǎo
どこですか。 Doko desu ka?	邊度？	哪 裏？ nǎ li
どこにありますか。(物件) Doko ni arimasu ka?	... 喺邊？	... 在 哪 (兒)？ zài nǎr
どこにいますか。(人 / 動物) Doko ni imasu ka?	... 喺邊？	... 在 哪 (兒)？ zài nǎr
いつですか。 Itsu desu ka?	幾時？	甚 麼 時 候？ shén me shí hou
どうですか。 Doo desu ka?	點樣？	怎 麼 樣？ zěn me yàng
いくつですか。(物件) Ikutsu desu ka? いくらですか。(價錢) Ikura desu ka?	幾多...？	多 少？ duō shǎo
だれですか。(較口語化) Dare desu ka?	邊個？	誰？ shéi
なんですか。 Nan desu ka?	乜嘢？	甚 麼？ shén me
どうしてですか。 Dooshite desu ka?	點解？	為 甚 麼？ wèi shén me
どれですか。 Dore desu ka?	邊樣？	哪 一 樣？ nǎ yī yàng

日本語	廣東話	普通話
これはにほんごでなんと Kore wa　nihongo de nan to いいますか。 ii masuka?	呢啲日文點講？	這 個 日 文 怎 麼 説？ zhè ge rì wén zěn me shuō
…ができますか。 … ga deki masuka? 　－ フランスご 　　furansugo 　－ えいご 　　eego 　－ かんとんご 　　kantongo 　－ ちゅうごくご／ぺきんご 　　chuugokugo　　Pekingo 　－ にほんご 　　nihongo	你識唔識講…? 　－ 法文 　－ 英文 　－ 廣東話 　－ 普通話／國語 　－ 日文	你 會 不 會 説 …? nǐ huì bu huì shuō 　－ 法 文 　　fǎ wén 　－ 英 文 　　yīng wén 　－ 廣 東 話 　　guǎng dōng huà 　－ 普 通 話／國 語 　　pǔ tōng huà guó yǔ 　－ 日 文 　　rì wén
わたしはにほんごが Watashi wa nihongo ga できません。 dekimasen.	我唔識講日文	我 不 會 説 日 文 wǒ bù huì shuō rì wén
もうすこしゆっくりはなして Moo sukoshi　yukkuri hanashite くれませんか。 kuremasen　ka?	你可唔可以講慢 啲？	你 能 不 能 説 慢 一 nǐ néng bu néng shuō màn yī 點（兒）？ diǎnr
もういちど、いってください。 Moo ichido　itte kudasai.	唔該你講多次	請 你 再 説 一 遍 qǐng nǐ zài shuō yī biàn
もういちどおねがいします。 Moo　ichido onegaishimasu.	請你講多次 （有禮貌啲）	您 可 不 可 以 再 nín kě bu kě yǐ zài 説 一 遍？（禮貌説法） shuō yī biàn

日本語	廣東話	普通話
ちょっとまってください。 Chotto matte kudasai.	等一陣，唔該	對 不 起 ， 請 等 一 duì bu qǐ　qǐng dèng yī 會（兒） huìr
わかりません。 Wakarimasen.	我唔明呀！	我 不 明 白！ wǒ bù míng bai
わかりましたか。 Wakarimashita ka?	你明唔明呀？	你 明 不 明 白？ nǐ míng bù míng bai
これでは だめですよ。 Kore dewa dame desu yo.	咁樣唔得架！	這 可 不 行！ zhè kě bù xíng
おしえてもらえますか。 Oshiete moraemasu ka?	你可唔可以話我聽？	你 可 不 可 以 告 訴 我！ nǐ kě bu kě yǐ gào su wǒ
てつだってもらえますか。 Tetsudatte moraemasu ka.	你可唔可以幫我？	你 能 不 能 幫 我 一 下？ nǐ néng bu néng bāng wǒ yī xià
なにか、わたしにできることが Nanika, watashi ni dekiru kotoga ありますか。 arimasuka.	我有無嘢可以幫到你？	我 有 甚 麼 可 以 幫 忙 wǒ yǒu shén me kě yǐ bāng máng 嗎？ ma

若者言葉（流行語）　🎧 CH01_02

ダサい（Dasai）：老土

イケてる（Iketeru）：好正

ウザい（Uzai）：勁煩

ヤバい（Yabai）：勁…

ヤバくない？（Yabakunai）：唔係好正咩？

ありえない（Arienai）：無可能！

日本語	廣東話	普通話
にゅうかんはどこですか。 Nyuukan wa doko desuka?	入境處喺邊度？	入 境 處 在 哪 裏？ rù jing chù zài nǎ li
パスポートはどこですか。 Pasupooto wa doko desuka?	你本護照喺邊呀？	你 的 護 照 在 哪 裏？ nǐ de hù zhào zài nǎ li
ここです。 Koko desu.	喺呢度	在 這 裏 zài zhè li
ビザはどこですか。 Biza wa doko desu ka?	你張入境證喺邊？	你 的 入 境 證 在 哪 裏？ nǐ de rù jing zhèng zài nǎ li
…に どのくらいたいざいする … ni donokurai taizaisuru よていですか。 yotee desu ka?	你想喺…留幾耐？	你 想 在 … 逗 留 nǐ xiǎng zài dòu liú 多 久？ duō jiǔ
― ほんこん honkon	― 香港	― 香 港 xiāng gǎng
フランス furansu	法國	― 法 國 fǎ guó
― にほん nihon	― 日本	― 日 本 ri běn
にしゅうかんだけです。 Nishuukan dake desu.	只係兩個禮拜	就 兩 個 星 期 jiù liǎng ge xing qi
みっかだけです。 Mikka dake desu.	只係三日	就 三 天 jiù san tiān
いっかげつです。 Ikkagetsu desu.	一個月	一 個 月 yī ge yuè

日本語	廣東話	普通話
たいざいのもくてきは Taizai no mokuteki wa なんですか。 nan desu ka?	你今次入境有咩 目的？	你 這 次 入 境 的 目 nǐ zhè cì rù jìng de mù 的 是 甚 麼？ dì shì shén me
かんこう/しゅっちょう です Kankoo shucchoo desu.	旅遊／公幹	旅 遊 ／ 公 幹 lǚ yóu gōng gàn
…をたずねます。 … o tazune masu.	我嚟探／搵…	我 來 探 望 ／ 找… wǒ lái tàn wàng zhǎo
― しんせき／ともだち 　　shinseki tomodachi	― 親戚／朋友	― 親 戚／朋 友 　　qīn qi péng yǒu
― ビジネスパートナー 　　bijinesu paatonaa	― 生意拍擋	― 生 意 夥 伴 　　shèng yì huǒ bàn
しんせきはどこにいますか。 Shinseki wa doko ni imasu ka?	你親戚喺…？	你 的 親 戚 在 …？ nǐ de qīn qi zài
― ここです。 　　Koko desu.	― 呢度	― 這 裏 　　zhè li
― にほんです 　　nihon desu.	― 日本	― 日 本 　　rì běn
はい／いいえ Hai iie	係／唔係	是 ／ 不 是 shì bù shì
ぜいかんはどこですか。 Zeekan wa doko desu ka?	海關喺邊度？	海 關 在 哪（兒）？ hǎi guān zài nǎr
しんこくするものが Shinkoku suru mono ga ありますか。 arimasu ka?	你有無乜嘢要申 報？	你 有 甚 麼 東 西 要 nǐ yǒu shén me dōng xi yào 申 報 嗎? shēn bào ma

日本語	廣東話	普通話
ありません。 Arimasen.	無	沒 有 méi　yǒu
そのバッグのなかになにが Sono　baggu no naka ni nani ga ありますか。 arimasu ka?	你個袋入面有乜 嘢？	你　的　袋　子　裏　有　甚 nǐ　de　dài　zi　li　yǒu　shén 麼　東　西　？ me　dōng　xi
みのまわりのものだけです。 Mi no mawari no mono dake desu.	只係啲私人嘢	只　是　一　些　個　人　物 zhǐ　shì　yī　xiē　gè　rén　wù 品 pǐn
しんこくするものがあります。 Shinkoku　suru mono ga arimasu.	我有嘢要申報	我　有　東　西　要　申　報 wǒ　yǒu　dōng xi　yào　shēn　bào
これはなんですか。 Kore　wa nan desu ka?	呢個係乜嘢嚟架？	這　是　甚　麼　？ zhè　shì　shén　me
さんびゃくほんこんドル/ Sanbyaku　honkon　doru えん/じんみんげん を en /jinmingen　　o はらわなければなりません。 harawanakereba　narimasen.	你需要畀300蚊 港幣/日元/ 人民幣	你　需　要　付　三　百 nǐ　xū　yào　fù　sān　bai 港　元/日　元/人　民　幣 gǎng yuán rì yuán rén min bì
そんなにたかいですか。 Sonna　ni takai　desu ka?	咁貴？	這　麼　貴？ zhè　me　gui
これを ほんこんドル/ Kore o honkon doru にほんえん/じんみんげん nihonen　　jinmingen にりょうがえしたいのですが… ni ryoogae　shitai no desu ga …	我想將呢啲唱做 港幣/日元/ 人民幣	我　想　把　這　些　兌　成 wó　xiǎng　bǎ　zhè　xiē　duì　chéng 港　元/日　元/人　民　幣 gǎng yuán rì yuán rén mín bì

日本語	廣東話	普通話
このトラベラーズチェックを Kono toraberaazu chekku o こうざにいれたいのですが… kooza ni iretaino desu ga …	我想入張旅遊 支票	我 想 存 入 這 張 旅 wǒ xiǎng cún rù zhè zhāng lǚ 遊 支 票 yóu zhī piào
レートはいくらですか。 Reeto wa ikura desuka?	匯率幾多?	匯 率 是 多 少? huì lǜ shì duō shǎo
かんこうあんないはどこ Kankooannai wa doko ですか。 desuka?	旅遊指南喺邊度?	旅 遊 指 南 在 哪(兒)? lǚ yóu zhǐ nán zài nǎr
タクシーのりばはどこですか。 Takushii noriba wa doko desu ka?	我可以喺邊度搭 的士?	我 可 以 在 哪 裏 打 的? wǒ kě yǐ zài nǎ li dǎ dī
どこでレンタカーが Dokode rentakaa ga かりられますか。 kariraremasu ka?	邊度可以租車?	我 可 以 在 哪 裏 租 車? wǒ kě yǐ zài nǎ li zū chē
このちかくにこうしゅうでんわ Kono chikaku ni kooshuu denwa がありますか。 ga arimasu ka?	附近有無電話?	附 近 有 沒 有 電 話? fù jìn yǒu méi yǒu diàn huà
このちかくにおてあらい Kono chikaku ni otearai がありますか。 ga arimasu ka?	附近有無洗手間?	附 近 有 沒 有 洗 手 間? fù jìn yǒu méi yǒu xǐ shǒu jiān
このちかくにレストラン Kono chikaku ni resutoran がありますか。 ga arimasu ka?	附近有無餐廳?	附 近 有 沒 有 餐 廳? fù jìn yǒu méi yǒu cān tīng

日本語	廣東話	普通話
どこでこのへんのホテルの Dokode kono hen no hoteru no しりょうがしらべられますか。 shiryoo ga shiraberaremasu ka?	喺邊度可以攞到呢度啲酒店嘅資料？	在 哪 裏 可 以 找 到 zài nǎ li kě yǐ zhǎo dào 這 裏 的 酒 店 的 資 料？ zhè li de jiǔ diàn de zī liào
すみません。JAL/ぜんにっくう/ Sumimasen. Jaru / zen-nikkuu / キャセイはどこですか。 kyasei wa doko desu ka	唔好意思，我想搵 JAL／全日空／ 國泰航空個櫃位	對 不 起 ， 我 想 找 duì bu qǐ wǒ xiǎng zhǎo 日 本 航 空／全 日 空／ rì běn háng kōng quán rì kōng 國 泰 航 空 的 櫃 位 guó tài háng kōng de guì wèi
チケットをなくして Chiketto o nakushite しまいました。 shimaimashita.	我唔見咗張機票！	我 丟 了 我 的 機 票！ wǒ diù le wǒ de jī piào
このフライトを Kono furaito o よやくしたいです。 yoyaku shitai desu.	我想喺呢班機訂位	我 想 在 這 班 飛 機 wǒ xiǎng zài zhè bān fēi jī 訂 位 dìng wèi
このフライトには Kono furaito niwa まにあいません。 maniaimasen.	我趕唔切搭呢班機	我 趕 不 上 這 班 飛 wǒ gǎn bù shàng zhè bān fēi 機 jī
つぎのフライトはなんじに Tsugi no furaito wa nanji ni しゅっぱつしますか。 shuppatsu shimasu ka?	下一班機幾時飛？	下 一 班 飛 機 何 時 xià yī bān fēi jī hé shí 起 飛？ qǐ fēi
…ゆきのフライトのよやくを … yuki no furaito no yoyaku o キャンセルしたいです。 kyanseru shitai desu.	我想取消我班 去…(地點)嘅機位	我 想 取 消 往 …(地點) wǒ xiǎng qǔ xiāo wǎng 的 機 位 de jī wèi

日本語	廣東話	普通話
フライトの ひにち/じかんを Furaito　no hinichi / jikan　o へんこうしたいです。 henkoo　shitai desu.	我想改我班機個 日期/時間	我 想 更 改 我 航 班 wǒ xiǎng gēng gǎi wǒ háng bān 的 日 期 / 時 間 de rì qī shí jiān
みっかはやくしゅっぱつ Mikka　hayaku shuppatsu したいです。 shitai　desu.	我想早三日飛	我 想 早 三 天 離 開 wǒ xiǎng zǎo sān tiān lí kāi
いっしゅうかんはやく Isshuukan　hayaku しゅっぱつしたいです。 shuppatsu　shitai　desu.	我想早一個星 期飛	我 想 早 一 星 期 離 wǒ xiǎng zǎo yī xīng qī lí 開 kāi
いきさきをへんこうしたい Ikisaki　o henkoo　shitai です。 desu.	我想改目的地	我 想 更 改 目 的 地 wǒ xiǎng gēng gǎi mù dì dì
エコノミー/ファーストクラス Ekonomii / faasuto　kurasu のきっぷをいちまい no kippu　o ichimai おねがいします。 onegai shimasu.	我想要一張經濟 客位嘅機票/頭等 機票	我 想 要 一 張 經 濟 wǒ xiǎng yào yī zhāng jīng jì 艙 的 機 票 / 頭 等 機 cāng de jī piào tóu děng jī 票 piào
なんじにくうこうへいか Nanji　ni kuukoo e ika なければなりませんか。 nakereba narimasen　ka?	我要幾點到機場？	我 需 要 幾 點 到 機 wǒ xū yào jī diǎn dào jī 場？ chǎng

日本語	廣東話	普通話
フライトのリコンファーム Furaito no rikonfaamu がひつようですか。 ga hitsuyoo desu ka?	我使唔使再確定 個機位？	我 需 要 再 確 認 我 的 wǒ xū yào zài què rèn wǒ de 航 班 嗎？ háng bān ma
とうきょうゆきのきっぷを tookyoo yuki no kippu o いちまいおねがいします。 ichimai onegai shimasu.	我想要一張去東 京嘅火車飛	我 想 要 一 張 去 wǒ xiǎng yào yī zhāng qù 東 京 的 火 車 票 dōng jīng de huǒ chē piào
かたみち/おうふく Katamichi / ootuku	單程 / 來回	單 程 / 往 返 dān chéng wǎng fǎn
グリーン/ふつう Guriin / futsuu	頭等 / 二等	頭 等 / 二 等 tóu děng èr děng
きつえんせき/きんえんせき Kitsuen seki / kin-en seki	吸煙區 / 非吸煙區	吸 煙 區 / 無 煙 區 xī yān qū wú yan qū

にもつ／手荷物受取　領取行李		🔵 CH02 02
でぐちはどこですか。 Deguchi wa doko desu ka?	出口喺邊度？	出 口 住 哪〈兒〉？ chū kǒu zài nǎr
まっすぐいってください。 Massugu itte kudasai.	唔該直行	請 直 走 qǐng zhí zǒu
にもつはどこでうけとること Nimotsu wa dokode uketoru koto ができますか。 ga dekimasu ka?	我可以喺邊度攞 番件行李？	我 可 以 在 哪 裏 wǒ kě yǐ zài nǎ li 拿 回 我 的 行 李？ ná huí wǒ de xíng li

日本語	廣東話	普通話
あちらを みぎ/ひだりへ Achira o migi/ hidari e まがってください。 magatte kudasai.	唔該嗰邊轉右/左	請 往 那 邊 右 / 左 qǐng wǎng nà biān yòu zuǒ 拐 guǎi
どのかいしゃのフライトで Dono kaisha no furaito de きましたか。 kimashita ka?	你坐邊間航空公 司嘅機㗎架？	你 乘 坐 哪 一 間 nǐ chéng zuò nǎ yī jiān 航 空 公 司 的 班 háng kōng gōng sī de bān 機 來 的？ jī lái de
フライトのばんごうは？ Furaito no bangoo wa?	你班機幾多號？	你 乘 坐 的 是 幾 號 nǐ chéng zuò de shì jǐ hào 班 機？ bān jī
ここでにもつをうけとって Koko de nimotsu o uketotte ください。 kudasai.	唔該喺呢度攞番 行李	請 在 這 (兒) 領 回 行 qǐng nǐ zhèr lǐng huí xíng 李 li
カートはどこですか。 Kaato wa doko desu ka?	可以喺邊度攞行 李車？	在 哪 裏 可 以 找 到 zài nǎ li kě yǐ zhǎo dào 行 李 車？ xíng li chē
あちらです。(禮貌説法) Achira desu. /あそこです。 asoko desu.	嗰邊	那 邊 nà biān

日本語	廣東話	普通話
…ですが… … desu ga	我叫…	我 的 名 字 是 … wǒ de míng zi shì
へやをよやくしたのですが… Heya o yoyaku shitano desu ga …	我訂咗間房	我 預 訂 了 一 個 房 間 wǒ yù dìng le yī ge fáng jiān
へやをふたつよやくしたの Heya o futatsu yoyaku shitano ですが… desu ga …	我哋訂咗兩間房	我 們 訂 了 兩 個 房 間 wǒ men dìng le liǎng ge fáng jiān
シングル／ツイン Shinguru Tsuin	單人房／雙人房	單 人 房／雙 人 房 dàn rén fáng shuāng rén fáng
メールをおくりました。 Meeru o okurimashita.	我寄咗封電郵畀 你哋	我 給 你 們 發 了 一 封 wǒ gěi nǐ men fā le yī fēng 電 郵 diàn yóu
これはかくにんのてがみです。 Kore wa kakunin no tegami desu	呢封係確認信	這 是 確 認 信 zhè shì què rèn xìn
…へやがいいです。 … heya ga ii desu.	我想要一間… 嘅房	我 想 要 一 個 … 的 房 wǒ xiǎng yào yī ge de fáng 間 jiān
ー シングルの Shinguru no	ー單人	ー 單 人 dàn rén
ー ツインの Tsuin no	ー雙人	ー 雙 人 shuāng rén
ー おふろがついている Ofuro ga tsuiteiru	ー連埋浴室	ー 有 浴 室 yǒu yù shì
ー ツインベッドの Tsuin beddo no	ー連埋雙人床	ー 有 雙 人 床 yǒu shuāng rén chuáng
ー バルコニーがついている Barukonii ga tsuiteiru	ー連埋露台	ー 有 陽 台 yǒu yáng tái

日本語	廣東話	普通話
…がわ … gawa	向…	面 對 … miàn duì
─ みち / とおり Michi toori	─ 街	─ 街 道 jiē dào
─ うみ Umi	─ 海	─ 海 hǎi
─ にわ Niwa	─ 庭院	─ 院 子 yuàn zi
しずかなへやがいいです。 Shizuka na heya ga ii desu.	我想要間安靜啲 嘅房	我 想 要 一 間 比 較 wǒ xiǎng yào yī jiān bǐ jiào 安 靜 的 房 間 ān jìng de fáng jiān
へやには…がありますか。 Heya niwa … ga arimasu ka?	間房有無…？	這 房 間 有 沒 有 …？ zhè fáng jiān yǒu méi yǒu
─ エアコン eakon	─ 冷氣	─ 空 調 設 備 kōng tiáo shè bèi
─ テレビ terebi	─ 電視	─ 電 視 機 diàn shì jī
─ れいぞうこ reezooko	─ 雪櫃	─ 電 冰 箱 diàn bīng xiāng
─ せいそうサービス seisoo saabisu	─ 清潔服務	─ 清 潔 服 務 qīng jié fú wù
─ おゆ oyu	─ 熱水	─ 熱 水 rè shuǐ
─ バスタブ basutabu	─ 浴缸	─ 浴 缸 yù gāng
ひとへや … いくらですか。 Hitoheya … ikura desu ka?	間房…要幾錢？	這 房 間 … 要 多 少 zhè fáng jiān yào duō shǎo 錢？ qián
─ いっしゅうかん Isshuukan	─ 住一個禮拜	─ 住 一 個 星 期 zhù yī ge xīng qī
─ いっぱく Ippaku	─ 住一晩	─ 住 一 晩 zhù yī wǎn

日本語	廣東話	普通話
ちょうしょくつきですか。 Chooshoku tsuki desu ka?	包唔包早餐？	是 否 包 括 早 餐？ shì fōu bāo kuò zǎo cān
ぜいこみですか。 Zeekomi desu ka?	總數包唔包埋税？	總 數 是 不 是 包 括 zǒng shù shì bu shì bāo kuò 税 款？ shuì kuǎn
こども / がくせい わりびきが Kodomo gakusee waribiki ga ありますか。 arimasu ka?	細路仔 / 學生有無 折扣？	兒 童 / 學 生 有 折 扣 ér tóng xué shēng yǒu zhé kòu 嗎？ ma
ちょっとたかいですね。 Chotto takai desu ne.	貴咗啲！	有 點（兒） 貴！ yǒu diǎnr guì
ほかにもっとやすいのが Hoka ni motto yasui no ga ありますか。 arimasu ka?	有無其他平啲架？	有 沒 有 其 他 比 較 yǒu méi yǒu qí tā bǐ jiào 便 宜 點（兒）的？ pián yi diǎnr de
… とまります。 … tomarimasu.	我哋住 …	我 們 住 … wǒ men zhù
ー ひとばん Hitoban	ー 一晚	一 一 個 晚 上 yī ge wǎn shang
ー なんにちか Nannichi ka	ー 幾晚	一 幾 天 jǐ tiān
ー いっしゅうかん Isshuukan	ー 一個禮拜	一 一 個 星 期 yī ge xīng qī
どのくらいとまるかまだ Donokurai tomaruka mada きめていません。 kimeteimasen.	我都唔肯定住幾耐	我 也 不 肯 定 會 住 wǒ yě bù kěn dìng huì zhù 多 久 duō jiǔ

日本語	廣東話	普通話
そのへやをみてもいいですか。 Sono heya o mitemo ii desu ka?	我可唔可以睇下間房？	我 可 不 可 以 看 看 wǒ kě bu kě yǐ kàn kan 那 房 間？ nà fáng jiān
もうしわけございませんが、もう Mooshiwake gozaimasen ga, moo よやくがいっぱいはいって yoyaku ga ippai haitte おりまして…（禮貌説法） orimashite …	唔好意思，酒店已經客滿	對 不 起 ， 酒 店 已 duì bu qǐ jiǔ diàn yǐ 經 客 滿 了 jīng kè mǎn le
シャワーつき/バスつき のへやが Shawaa tsuki /Basu tsuki no heya ga いいのですが… ii no desu ga …	我想要間有花灑／浴缸嘅房	我 想 要 一 間 有 淋 wǒ xiǎng yào yī jiàn yǒu lín 浴 器 ／ 浴 缸 的 房 yù qì yù gāng de fáng 間 jiān
…へやがありますか。 … heya ga arimasu ka ?	你哋有無 ... 嘅房？	你 們 有 沒 有 ... 的 nǐ men yǒu méi yǒu de 房 間？ fáng jiān
ー もっといい Motto ii	ー 好啲	ー 好 點 (兒) hǎo diǎnr
ー もっとおおきい Motto ookii	ー 大啲	ー 大 點 (兒) dà diǎnr
ー もっとやすい Motto yasui	ー 平啲	ー 便 宜 點 (兒) pián yi diǎnr
ー もっとしずかな Motto shizukana	ー 靜啲	ー 安 靜 點 (兒) ān jìng diǎnr
このへやはいいですね。 Kono heya wa ii desu ne. これにします。 Kore nishimasu.	呢間房好，就要呢間	這 個 房 間 好 ， 我 就 zhè ge fáng jiān hǎo wǒ jiù 要 這 一 間 yào zhè yī jiān

日本語	廣東話	普通話

チェックイン 辦理手續　　　　　　　　CH03_02

日本語	廣東話	普通話
パスポートをみせて Pasupooto o misete いただけませんか。（禮貌説法） itadakemasen ka?	唔該，我可唔可 以睇下你本護照？	對 不 起 ， 我 可 不 可 duì bu qǐ wǒ kě bu kě 以 看 看 你 的 護 照？ yǐ kàn kan nǐ de hù zhào
まず、このようしにごきにゅう Mazu, kono yooshi ni gokinyuu をおねがいします。（禮貌説法） o onegai shimasu.	麻煩你填咗表先	麻 煩 你 先 填 表 má fán nǐ xiān tián biǎo
ここにサインをおねがいします。 Koko ni sain o onegai shimasu	喺呢度簽名， 唔該	請 在 這 裏 簽 名 qǐng zài zhè li qiān míng
へやのばんごうはなんばん Heya no bangoo wa nanban ですか。 desu ka?	我間房幾多號？	我 的 房 間 是 幾 號？ wǒ de fáng jiān shì jǐ hào
にもつをへやにもっていって Nimotsu o heya ni motte itte もらえますか。 moraemasu ka?	你可唔可以幫我 搬啲行李上房？	你 可 不 可 以 幫 我 nǐ kě bu kě yǐ bāng wǒ 把 這 些 行 李 拿 到 bǎ zhè xiē xíng li ná dào 房 間？ fáng jiān
フロントのでんわばんごうは Furonto no denwa bangoo wa なんばんですか。 nanban desu ka?	接待處電話幾多 號？	接 待 處 的 電 話 號 jiē dài chù de diàn huà hào 碼 是 幾 號？ mǎ shì jǐ hào

滞在中 入住期間　　　　　　　　CH03_03

日本語	廣東話	普通話
このへやはあまりすきでは Kono heya wa amari suki dewa ありません… arimasen ...	間房我唔係幾 滿意	我 不 是 很 滿 意 這 wǒ bù shì hěn mǎn yì zhè 個 房 間 ge fáng jiān

日本語	廣東話	普通話
このへやは… Kono heya wa …	呢間房...	這 個 房 間 … zhè ge fáng jiān
－ さむすぎ/あつすぎ ます。 Samusugi / Atsu sugi masu.	－ 太凍/太熱	－ 太 冷 / 太 熱 　tài lěng　tài rè
－ ひろすぎ/せますぎ ます。 Hirosugi / Sema sugi masu.	－ 太大/太細	－ 太 大 / 太 小 　tài dà　tài xiǎo
－ くらすぎ/あかるすぎ ます。 Kurasugi / Akaru sugi masu.	－ 太暗/太光	－ 太 暗 / 太 亮 　tài àn　tài liàng
－ うるさすぎます。 Urusa sugi masu.	－ 太嘈	－ 太 吵 　tài chǎo
へやのそうじを Heya no sooji o おねがいします。 onegai shimasu.	唔該可唔可以搵 人執一執間房？	請 問 可 不 可 以 找 qǐng wèn kě bu kě yǐ zhǎo 人 收 拾 一 下 房 rén shōu shí yī xià fáng 間？ jiān
どなたですか。(礼貌説法)/ Donata desu ka ? だれですか。 Dare desu ka ?	邊個？	是 誰？ shì shuí
ちょっとまってください。 Chotto matte kudasai.	唔該你等陣	請 你 等 一 下 qǐng nǐ děng yī xià
どうぞ、おはいりください。 Doozo, ohairi kudasai.	請入嚟啦	請 進 來 qǐng jìn lái
シャワーのつかいかたを Shawaa no tsukaikata o おしえてもらえますか。 oshiete moraemasu ka?	可唔可以教我點 用個花灑？	可 不 可 以 告 訴 我 kě bu kě yǐ gào su wǒ 怎 樣 用 這 個 淋 浴 zěn yàng yòng zhè ge lín yù 器？ qì

日本語	廣東話	普通話
シェーバーのソケットは Sheebaa no soketto wa どこですか。 doko desu ka?	鬚刨插座喺邊？	電鬚刀插座在哪裏？ diàn hú dāo chā zuò zài nǎ li
ソケットのでんあつは soketto no den-atsu wa なんワットですか。 nan watto desu ka?	插座嘅電壓係幾多？	插座的電壓是多少？ chā zuò de diàn yā shì duō shǎo
テレビはどうやって Terehi wa dooyatte つけますか。 tsukemasu ka?	點樣開部電視？	怎樣開電視？ zěn yàng kāi diàn shì
へやでちょうしょくを Heya de chooshoku o とってもいいですか。 tottemo ii desu ka?	我可唔可以喺房度食早餐？	我可以在房間吃 wǒ kě yǐ zài fáng jiān chī 早餐嗎？ zǎo cān ma
へやばんごうは？ Heya bangoo wa?	你幾號房？	你是幾號房的？ nǐ shì jǐ hào fáng de
きんこにあずけたいものが Kinko ni azuketai mono ga あります。 arimasu.	我想放啲嘢入你哋嘅保險箱	我想放一些東西 wǒ xiǎng fàng yī xiē dōng xi 在你們的保險箱 zài nǐ men de bǎo xiǎn xiāng
…がほしいです。 ... ga hoshii desu. ー はいざら Haizara ー タオル Taoru	我想要… ー 煙灰缸 ー 浴巾	我想要… wǒ xiǎng yào ー 煙灰缸 yān huī gāng ー 浴巾 yù jīn

日本語	廣東話	普通話
ー もういちまいふとん Moo ichimai futon	ー 多一張被	ー 多 一 張 被 子 　duō yī zhāng bèi zi
ー ハンガー Hangaa	ー 啲衣架	ー 一 些 衣 架 　yī xiē yī jià
ー こおり Koori	ー 啲冰	ー 一 些 冰 　yī xiē bīng
ー もうひとつまくら Moo hitotsu makura	ー 多一個枕頭	ー 多 一 個 枕 頭 　duō yī ge zhěn tou
ー せっけん Sekken	ー 番梘	ー 肥 皂 　féi zào
ー おみず Omizu	ー 一支水	ー 一 瓶 水 　yī píng shuǐ
ここにびようинはありますか。 Koko ni biyooin wa arimasu ka?	呢度有無髮型屋？	這 裏 有 沒 有 理 髮 zhè lǐ yǒu méi yǒu lǐ fà 店？ diàn
すみませんが、おてあらいは Sumimasen ga, otearai wa どこですか。 doko desu ka?	請問洗手間喺邊？	請 問 洗 手 間 在 哪 qǐng wèn xǐ shǒu jiān zài nǎ 裏？ li
…はどこですか。 ... wa doko desu ka?	邊度有 ... ？	哪 裏 有 ... ？ nǎ li yǒu
ー レストラン Resutoran	ー 餐廳	ー 餐 廳 / 菜 館 　cān tīng cài guǎn
ー エステ Esute	ー 美容院	ー 美 容 院 　měi róng yuàn
ホテルにプールがありますか。 Hoteru ni puuru ga arimasu ka?	酒店有無泳池？	酒 店 有 沒 有 游 泳 池？ jiǔ diàn yǒu méi yǒu yóu yǒng chí

日本語	廣東話	普通話

チェックアウト 離開酒店　

日本語	廣東話	普通話
しはいにんとちょっとはなし Shihainin to chotto hanashi たいのですが… tai no desu ga …	我想見下你哋經理	我 想 跟 你 們 的 經 理 wǒ xiǎng gēn nǐ men de jīng lǐ 見 面 jiàn miàn
あした、ちょうしょくがすんだら Ashita, chooshoku ga sundara すぐチェックアウトします。 sugu chekkuauto shimasu.	我聽日食完早餐 就走	我 明 天 吃 完 早 餐 便 wǒ míng tiān chī wán zǎo cān biàn 離 開 lí kāi
りょうしゅうしょをおねがい Ryooshuusho o onegai できますか。 dekimasu ka?	可唔可以畀張單 我？	可 不 可 以 幫 我 準 備 kě bu kě yǐ bāng wǒ zhǔn bèi 賬 單？ zhàng dan
このりょうしゅうしょはちょっと Kono ryooshuusho wa chotto まちがっているみたいです。 machigatteiru mitai desu. そうがくがあっていません。 Soogaku ga atteimasen.	張單有啲問題，個 總數唔啱	這 賬 單 有 一 些 問 zhè zhàng dān yǒu yī xiē wèn 題 ， 總 數 算 錯 了 tí zǒng shù suàn cuò le
これはちゅうもんしていません。 Kore wa chuumon shiteimasen	我無叫到呢個	我 沒 有 點 這 個 wǒ méi yǒu diǎn zhè ge
きっとどこかまちがっています。 Kitto dokoka machigatteimasu.	一定有啲嘢唔啱！	一 定 有 些 地 方 不 對！ yi dìng yǒu xiē dì fang bú duì
おかんじょうおねがいします。 Okanjoo onegai shimasu.	我想畀錢／找數	我 想 結 賬 wǒ xiǎng jié zhàng
えんにかえてもらえますか。 en ni kaete moraemasu ka?	可唔可以幫我換做 日元？	可 不 可 以 幫 我 兌 kě bu kě yǐ bāng wǒ duì 成 日 元？ chéng rì yuán

日本語	廣東話	普通話
にもつをしたまでもっていって Nimotsu o shita made motte itte くれますか。 kuremasu ka?	可唔可以幫我搬 啲行李落樓？	可 不 可 以 幫 我 拿 kě bu kě yǐ bāng wǒ ná 這 些 行 李 下 去？ zhè xiē xíng li xià qu
タクシーをよんでもらえますか。 Takushii o yonde moraemasu ka?	可唔可以幫我叫 架的士？	可 不 可 以 替 我 找 kě bù kě yǐ tì wǒ zhǎo 一、輛 出 租 車？ yī liàng chū zū chē
ここからくうこうまでいくら Koko kara kuukoo made ikura ぐらいですか。 gurai desu ka?	由呢度去機場大 約幾錢？	從 這 裏 到 機 場 大 cóng zhè lǐ dào jī chǎng dà 概 要 多 少 錢？ gài yào duó shǎo qián
にもつをあずかって Nimotsu o azukatte もらえますか。 moraemasu ka?	我可唔可以留啲 行李喺度？	我 可 以 把 行 李 留 wǒ kě yǐ bǎ xíng li liú 在 這 裏 嗎？ zài zhè li ma
ごごさんじごろにもつをとりに Gogo sanji goro nimotsu o tori ni もどってきます。 modotte kimasu.	三點左右我會番 嚟拎	我 會 在 大 概 三 點 wǒ huì zài dà gài sān diǎn 回 來 拿 回 行 李 huí lái ná huí xíng li
わすれものはありませんか。 Wasuremono wa arimasen ka?	你有無擸漏嘢？	你 有 沒 有 東 西 忘 nǐ yǒu méi yǒu dōng xi wàng 了 拿 走？ le ná zǒu
これはへやのかぎです。 Kore wa heya no kagi desu.	呢條係房嘅鎖匙	這 是 房 間 的 鑰 匙 zhè shi fáng jiān de yào shi

宿泊 / 日本住宿酒店概況

靴を脱ぐ文化　脱鞋文化

日本人有「進屋脱鞋」的傳統，當然在旅店亦不例外。無論你入住的是日式旅館（ryokan）還是民宿（minshuku，又稱penshon），你都需要在門口脱鞋，然後換上旅店提供的拖鞋。假如你入住的是西式的現代酒店，拖鞋可一直穿至你的房間；但假如你的房間是日式「和室」（washitsu），就應在房門前把拖鞋也脱掉。

和朝食　日式早餐

一些旅店會向遊客提供日式早餐，與以麵包、火腿、雞蛋為主食的西式早餐比較，日式早餐顯得相對健康。一般的日式早餐以米飯、味噌湯、烤魚、醃菜等為主食，有時還會配以納豆（natto）。此外，把生雞蛋與豉油混和作醬汁淋在飯面的食法也相當受歡迎，值得一試。

溫泉旅館　溫泉旅館

日本溫泉廣受歡迎，不過遊客在泡溫泉時須注意當地的風俗習慣，以免因文化差異而生事端。大多數溫泉都禁止顧客在泡浸時穿着泳裝，連包着浴巾也不可以。雖然一些傳統的旅館（ryokan）會在客房提供手巾，但也不能帶進溫泉。

カプセルホテル　膠囊酒店

到日本旅行，住宿開支相當高昂，所以你可選擇較廉價的「膠囊酒店」（Capsule Hotel）。膠囊酒店提供如火車臥鋪的床位，這顆「膠囊」麻雀雖小，但五臟俱全，電視等娛樂設施齊備。雖然澡堂和洗手間要和別人共用，但相宜的價錢仍然吸引了許多遊客。

日本語	廣東話	普通話
おなかがすきました。 Onaka ga sukimashita.	我好肚餓	我 很 餓 wǒ hěn è
のどがかわきました。 Nodo ga kawakimashita.	我好口渴	我 很 口 渴 wǒ hěn kǒu kě
やすくておいしいみせを Yasukute oishii mise o おしえてください。 oshiete kudasai.	唔該介紹一間又 平又好食嘅餐廳 畀我	請 你 介 紹 一 家 價 錢 qǐng nǐ jiè shào yī jiā jià qián 便 宜 而 且 好 吃 的 菜 pián yi ér qiě hǎo chī de cài 館 給 我 guǎn gěi wǒ
ふたりぶんのせきを Futari bun no seki o よやくしたいのですが。 yoyaku shitai no desu ga.	我 想 留 一 張 兩 人 枱	我 想 預 訂 一 張 雙 wǒ xiǎng yù dìng yī zhāng shuāng 人 桌 子 rén zhuō zi
しちじはんにつきます。 Shichiji han ni tsukimasu.	我 哋 會 喺 七 點 半 嚟 到	我 們 會 在 七 點 半 來 wǒ men huì zài qī diǎn bàn lái 到 dào
…のテーブルがいいです。 ... no teeburu ga ii desu.	我 哋 想 要 一 張…	我 們 想 要 一 張… wǒ men xiǎn yào yī zhǎng
―まどぎわ Mado giwa	― 近 窗 嘅 枱	― 靠 窗 的 桌 子 kào chuāng de zhuō zi
―エアコンのちかく Eakon no chikaku	― 近 冷 氣 嘅 枱	― 靠 近 空 調 的 桌 kào jin kōng tiáo de zhuō 子 zi
―エアコンから Eakon kara はなれたところ hanareta tokoro	― 遠 風 口 位 嘅 枱	― 遠 離 空 調 的 桌 yuǎn lí kōng tiáo de zhuō 子 zi

日本語	廣東話	普通話
メニューをください Menyuu o kudasai.	唔該畀個餐牌我	請 給 我 餐 牌 qǐng gěi wǒ cān pái
ともだちをまっています。 Tomodachi o matte imasu.	我等緊朋友	我 在 等 朋 友 wǒ zài děng péng you
このみせはりょうりのしゅるい Kono mise wa ryoori no shurui がおおいです。 ga ooi desu.	呢度嘅嘢食有好 多選擇	這 裏 的 食 物 有 很 zhè li de shí wù yǒu hěn 多 選 擇 duō xuǎn zé
にくはたべません。 Niku wa tabemasen.	我唔食肉	我 不 吃 肉 wǒ bù chī ròu
わたしはベジタリアンです。 Watashi wa bejitarian desu.	我食齋嘅	我 吃 素 的 wǒ chī sù de
たまごアレルギーがあります。 Tamago arerugii ga arimasu.	我對雞蛋敏感 / 過敏	我 對 雞 蛋 敏 感 / 過 敏 wǒ duì jī dàn mǐn gǎn guò mǐn
なににしますか Nani ni shimasu ka?	你食乜嘢？	你 吃 甚 麼？ nǐ chī shén me
このワインはどうですか。 Kono wain wa doo desu ka?	你覺得呢隻酒點 呀？	你 覺 得 這 種 酒 怎 麼 nǐ jué de zhè zhǒng jiǔ zěn me 樣？ yàng
しろワイン/あかワイン/ Shiro wain aka wain ロゼワイン roze wain	白酒/紅酒/ 玫瑰酒	白 酒/紅 酒/玫 瑰 酒 bái jiǔ hóng jiǔ méi guì jiǔ

日本語	廣東話	普通話
このワインはほんとうに Kono waln wa hontoo ni おいしいですね。 oishii desu ne.	呢種酒真係好飲	這 種 酒 味 道 真 好 zhè zhǒng jiǔ wèi dào zhēn hǎo
すみません。もうすこしパン/ Sumimasen.　Moo sukoshi pan おみずをください。 omizu o kudasai.	唔該，你可唔可 以畀多少少麵包/ 樽水我呀？	請 問 可 不 可 以 多 給 qǐng wèn kě bu kě yǐ dūo gěi 我 一 點（兒）麵 包/一 瓶 wǒ yī diǎnr miàn bāo yī píng 水 ？ shuǐ
すみません。…を Sumimasen. …o おねがいします。 onegai shimasu.	唔好意思，可唔可 以畀…我，唔該	對 不 起 ， 可 不 可 以 duì bu qǐ kě bu kě yǐ 給 我 … gěi wǒ
一 はいざら 　　Haizara	一 煙灰缸	一 煙 灰 缸 　　yān huī gāng
一 スプーン 　　Supuun	一 羹	一 調 羹 　　tiáo gēng
一 フォーク 　　Fooku	一 叉	一 叉 　　chā
一 コップ 　　Kuppu	一 杯	杯 子 　　bēi zi
一 ナイフ 　　Naifu	一 刀	一 刀 　　dāo
一 さら 　　Sara	一 碟	一 碟 子 　　dié zi
一 ナプキン 　　Napukin	一 餐巾	一 餐 巾 紙 　　cān jīn zhǐ
一 つまようじ 　　Tsuma yooji	一 牙籤	一 牙 籤 　　yá qiān
…がほしいです … ga hoshii desu.	我想要…	我 想 要 … wǒ xiǎng yào
一 ビール 　　Biiru	一 啤酒	一 啤 酒 　　pí jiǔ
一 バター 　　Bataa	一 牛油	一 黃 油 　　huáng yóu

日本語	廣東話	普通話
一 ケチャップ Kechappu	一 茄汁	一 蕃茄醬 fān qié jiàng
一 とりにく Tori niku	一 雞肉	一 雞肉、 jī ròu 、
一 ぶたにく Buta niku	一 豬肉	一 豬肉 zhū ròu
一 ぎゅうにく Gyuu niku	一 牛肉	一 牛肉 niú ròu
一 さかな Sakana	一 魚	一 魚 yú
一 かいせん/シーフード Kaisen shiifuudo	一 海鮮	一 海鮮 hǎi xiān
一 くだもの Kudamono	一 生果	一 水果 shuǐ guǒ
一 アイスクリーム Aisukuriimu	一 雪糕	一 冰淇淋 bīng qí lín
一 レモン Remon	一 檸檬	一 檸檬 níng méng
一 サラダ Sarada	一 沙律	一 色拉 sè lā
一 にく Niku	一 肉	一 肉 ròu
一 やさい Yasai	一 菜	一 菜 cài
一 マヨネーズ Mayoneezu	一 蛋黄醬	一 蛋黄醬 dàn huáng jiàng
一 わさび Wasabi	一 芥辣	一 芥末 jiè mò
一 こしょう Koshoo	一 胡椒粉	一 胡椒粉 hú jiāo fěn
一 しお Shio	一 鹽	一 鹽 yán
一 さとう Satoo	一 糖	一 糖 táng
一 す Su	一 醋	一 醋 cù
一 フライドポテト Furaido poteto	一 薯條	一 薯條 shǔ tiáo

日本語	廣東話	普通話
ー じゃがいも Jagaimo	ー 薯仔	ー 馬鈴薯/土豆 mǎ líng shǔ tǔ dòu
ー ごはん Gohan	ー 飯	ー 飯 fàn
ー サンドイッチ Sandoicchi	ー 三文治	ー 三明治 sān míng zhì
ー ミネラルウォーター Mineraru wootaa	ー 礦泉水	ー 礦泉水 kuàng quán shuǐ
ー スープ Suupu	ー 湯	ー 湯 tāng
ー おゆ Oyu	ー 熱水	ー 熱開水 rè kāi shuǐ
ー みず Mizu	ー 凍水	ー 冷開水 lěng kāi shuǐ
ー こおりみず Koori mizu	ー 冰水	ー 冰水 bīng shuǐ
コーヒー/…をおねがいします。 Koohii / … o onegai shimasu.	可唔可以畀杯咖啡 /… 我	請給我一杯咖啡/… qǐng gěi wǒ yī bēi kā fēi
ー りょくちゃ Ryoku cha	ー 綠茶	ー 綠茶 lǜ chá
ー ウーロンちゃ Uuron cha	烏龍茶	ー 烏龍茶 wū lóng chá
ー ブラックティー Burakku tii	ー 黑茶	ー 黑茶 hēi chá
ー ダージリンティー Daajirin tii	ー 大吉嶺紅茶	ー 大吉嶺紅茶 dà jí lǐng hóng chá
ー てつかんのんちゃ Tekkannon cha	ー 鐵觀音茶	ー 鐵觀音茶 tiě guān yin chá
ー ジャスミンティー Jasumin tii	ー 茉莉花茶	ー 茉莉花茶 mò lì huā chá
ー きくのはなちゃ Kiku no hana cha	ー 菊花茶	ー 菊花茶 jú huā chá

日本語	廣東話	普通話

クレーム 投訴

日本語	廣東話	普通話
これはちゅうもんして Kore wa chuumon shite いません。 imasen.	我無叫到呢啲嗰!	我 沒 有 點 這 些 ! wǒ méi yǒu diǎn zhè xiē
これはたべられません。 Kore wa taberaremasen.	我唔可以食呢樣	我 不 可 以 吃 這 個 wǒ bù kě yǐ chī zhè ge
これをかえてもらえますか。 Kore o kaete moraemasu ka?	你可唔可以幫我 換過?	你 可 不 可 以 幫 我 nǐ kě bu kě yǐ bāng wǒ 換 掉 ? huàn diào
このにくは... Kono niku wa ...	呢啲肉...	這 些 肉 ... zhè xiē ròu
ー にすぎです。 　　Nisugi desu.	ー 太熟	ー 太 熟 　　 tài shú
ー ちゃんとひがとおって 　　Chanto hi ga tootte 　　いません。 　　imasen.	ー 唔夠熟	ー 沒 熟 透 　　 méi shú tòu
ー かたすぎです。 　　Kata sugi desu.	ー 太韌	ー 太 韌 　　 tài rèn
これはすっぱすぎです。 Kore wa suppa sugi desu.	呢個太酸	這 個 太 酸 zhè ge tài suān
これはしょっぱすぎです。 kore wa shoppa sugi desu.	呢個太鹹	這 個 太 鹹 zhè ge tài xián
これはあますぎです。 Kore wa amasugi desu.	呢個太甜	這 個 太 甜 zhè ge tài tián

日本語	廣東話	普通話
これは　ひえすぎ/つめたすぎ Kore wa　hiesugi / tsumetasugi です。 desu.	呢個太凍	這 個 太 冷 zhè ge tài lěng
これはつめたくないです。/ Kore wa tsumetaku nai desu. / これはしんせんでは Kore wa shinsen　dewa ありません。 arimasen.	呢個都唔凍 / 唔新鮮	這 個 不 夠 冷 / 不 新 zhè ge bù gòu lěng bù xīn 鮮 xiān
シェフをよんでもらえますか。 Shefu　o　yonde moraemasuka?	你可唔可以叫大 廚嚟？	你 可 不 可 以 請 大 nǐ kě bu kě yǐ qǐng dà 廚 出 來？ chú chū lái
支払い 畀錢 / 付款		CH04_03
おかんじょうをおねがいします。 Okanjoo　o onegai shimasu.	唔該埋單	請 結 賬 qǐng jié zhàng
じゅっパーセントのサービス Juppaasento　no saabisu りょうがはいっていますか。 ryoo ga haitte　imasu ka?	係咪計埋加一！	包 括 加　服 務 費 嗎？ bāo kuò jiā yī fú wù fèi ma
クレジットカード ではらえます Kurejitto kaado　de haraemasu か。 ka?	你哋收唔收信用 卡？	你 們 接 受 信 用 卡 nǐ men jiē shòu xìn yòng kǎ 付 款 嗎？ fù kuǎn ma
ありがとうございました。 Arigatoo　gozaimashita.	多謝晒	謝 謝 xiè xie

日本語	廣東話	普通話
とてもおいしかったです。 Totemo oishikatta　desu. ごちそうさまでした。 Gochi soo sama deshita.	啲嘢好好食，多 謝晒!	這 些 東 西 很 好 吃 ， zhè xiè dōng xi hěn hǎo chī 謝 謝! xiè xie
またきます Mata kimasu.	我哋會再嚟!	我 們 會 再 來! wǒ men huì zài lái

マクドナルド/ファーストフード　麥當勞/快餐　　　　　CH04_04

こんにちは、ビッグマックセット Konnichiwa、　　Biggumakku setto をひとつ、コーラとポテトをエル o hitotsu、　　koora to poteto o eru にしてください。 ni shite kudasai.	你好，我想要一個 巨無霸餐，汽水同 埋薯條加大	你 好 ， 我 想要 一 個 nǐ hǎo， wó xiǎng yào yī ge 巨 無 霸 套 餐 加 大 汽 jù wú bà tào cān jiā dà qì 水 和 薯 條 shuǐ hé shǔ tiáo
こちらでめしあがりますか。 Kochira de meshiagarimasu ka? おもちかえりですか。 Omochikaeri　desu ka?	喺度食定拎走?	堂 吃 還 是 外 賣? táng chī hái shì wài mài
これはぜんぶで…えんです。 Kore wa zenbude … en desu.	呢度一共...(價錢)円	一 共 ...(價錢)日 元 yī gòng　　　rì yuán

朝食 早餐　　　　　　　　　　　　　　　　CH04_05

…がほしいです。 … ga hoshii desu.	我想要...	我 想 要 ... wǒ xiǎng yào
― フルーツジュース Furuutsu　juusu	― 果汁	― 果 汁 guǒ zhī
― オレンジジュース Orenji　　juusu	― 橙汁	― 橙 汁 chéng zhī
― マンゴージュース Mangoo juusu	― 芒果汁	― 芒 果 汁 máng guǒ zhī
― トマトジュース Tomato juusu	― 蕃茄汁	― 西 紅 柿 汁 xī hóng shì zhī

日本語	廣東話	普通話
ー パイナップルジュース Painappuru juusu	ー 菠蘿汁	ー 菠 蘿 汁 　bō luó zhī
ー グレープフルーツジュース Gureepu furuutsu juusu	ー 西柚汁	ー 西 柚 汁 　xī yóu zhī
ー すいかジュース Suika juusu	ー 西瓜汁	ー 西 瓜 汁 　xī guā zhī
ー パパイヤジュース Papaiya juusu	ー 木瓜汁	ー 木 瓜 汁 　mù guā zhī
ー キウイフルーツジュース Kiui furuutsu juusu	ー 奇異果汁	ー 彌 猴 桃 汁 　mí hóu táo zhī
ー りんごジュース Ringo juusu	ー 蘋果汁	ー 蘋 果 汁 　píng guǒ zhī
ー にんじんジュース Ninjin juusu	ー 甘荀汁	ー 紅 蘿 蔔 汁 　hóng luó bo zhī
シリアル Shiriaru	粟米片	玉 米 片 yù mǐ piàn
オートミール Ooto miiru	麥片 / 麥皮	麥 片 mài piàn
パン Pan	麵包	麵 包 miàn bāo
クロワッサン Kurowassan	牛角包	牛 角 包 niú jiǎo bāo
チョコレートパン Chokoreeto pan	朱古力包	巧 克 力 包 qiǎo kè lì bāo
レーズンパン Reezun pan	提子包	葡 萄 包 pú tao bāo
トマト tomato	蕃茄	西 紅 柿 xī hóng shì
オリーブオイル oriibu oiru	橄欖油	橄 欖 油 gǎn lǎn yóu

日本語	廣東話	普通話
…ヨーグルト … yooguruto	乳酪	酸 奶 suān nǎi
― フルーツ furuutsu	― 生果	― 水 果 shuǐ guǒ
― いちご Ichigo	― 士多啤梨	― 草 莓 cǎo méi
― プレーン Pureen	― 原味	― 原 味 yuán wèi
― ピーチ Piichi	― 桃	― 桃 子 táo zi
しろチーズ Shiro chiizu	白芝士	奶 酪 nǎi lào
たまご Tamago	雞蛋	雞 蛋 jī dàn
ベーコンエッグ Beekon Eggu	雞蛋同煙肉	雞 蛋 和 煙 肉 jī dàn hé yān ròu
ハムエッグ Hamu eggu	雞蛋同火腿	雞 蛋 和 火 腿 jī dàn hé huǒ tuǐ
ゆでたまご Yude tamago	焓蛋	白 煮 蛋 bái zhǔ dàn
スクランブルエッグ Sukuranburu eggu	炒蛋	炒 蛋 chǎo dàn
オムレツ omuretsu	奄列	煎 蛋 卷 jiān dàn juǎn
― マッシュルームいり Masshuruumu iri	― 蘑菇	― 蘑 菇 mó gū
― ハムとチーズいり Hamu to chiizu iri	― 火腿同芝士	― 火 腿 和 奶 酪 huǒ tuǐ hé nǎi lào
― たまねぎいり Tamanegi iri	― 洋蔥	― 洋 蔥 yáng cōng

日本語	廣東話	普通話
ジャム Jamu	果醬	果 醬 guǒ jiàng
はちみつ Hachimitsu	蜜糖	蜂 蜜 fēng mì
シロップ Shiroppu	糖漿	糖 漿 táng jiāng

中華朝食 中式早餐

CH04_06

日本語	廣東話	普通話
おかゆ Okayu	粥	粥 zhōu
一ぎゅうにくがゆ Gyuuniku gayu	一 牛肉粥	一 牛 肉 粥 niú ròu zhōu
一とりにくがゆ Toriniku gayu	一 雞粥	一 雞 粥 jī zhōu
一さかながゆ Sakana gayu	一 魚粥	一 魚 粥 yú zhōu
一ピータンがゆ Piitan gayu	一 皮蛋粥	一 皮 蛋 粥 / 松 花 pí dàn zhōu sōng huā 蛋 粥 dàn zhou
てんしん Tenshin	點心	點 心 diǎn xin
そくせきめん Sokuseki men	即食麵	方 便 麵 fāng biàn miàn
一ポーク Pooku	一 豬扒	一 豬 排 zhū pái
一ソーセージ Sooseeji	一 腸仔	一 香 腸 xiāng cháng
一ハムとたまご Hamu to tamago	一 腿蛋	一 火 腿 雞 蛋 huǒ tuǐ jī dàn

日本語	廣東話	普通話
チャーシューまん Chaashuu man	叉燒包	叉 燒 包 chā shāo bāo

日本語	廣東話	普通話
やきサーモン Yaki saamon	燒三文魚	烤 鮭 魚 kǎo guī yú
つけもの Tsuke mono	醃菜／漬物	醬 菜（醃菜）／醬 油 漬 物 jiàng cài yān cài jiàng yóu zì wù
みそしる Miso shiru	麵豉湯	麵 豉 湯 miàn chǐ tāng
ごはん Gohan	白飯	白 飯 bái fàn
たまごやき Tamago yaki	玉子燒	玉 子 燒 yù zi shāo

日本語	廣東話	普通話
くだもの Kuda mono	合時生果	時 令 水 果 shí líng shuǐ guǒ
フルーツジュース Furuutsu juusu	鮮果汁	新 鮮 水 果 汁 xīn xiān shuǐ guǒ zhī
ミックスフルーツ Mikkusu furuutsu	雜果	雜 果 zá guǒ
フルーツポンチ Furuutsu ponchi	雜果賓治	雜 果 賓 治 zá guǒ bīn zhì
デザート Dezaato	甜品	甜 點 tián diǎn

日本語	廣東話	普通話
コーヒー Koohii	咖啡	咖 啡 kā fēi
カフエラテ Kafe Rate	牛奶咖啡	牛 奶 咖 啡 niú nǎi kā fēi
デカフエイン Dekafein	無咖啡因咖啡	無 咖 啡 因 咖 啡 wú kā fēi yīn kā fēi
ホットチョコレート Hotto chookoreeto	熱朱古力	熱 巧 克 力 rè qiǎo kè lì
ミルク Miruku	牛奶	牛 奶 niú nǎi
カプチーノ Kapuchiino	意大利泡沫咖啡	意 大 利 泡 沫 咖 啡/卡 yì dà lì pào mò kā fēi kǎ 布 奇 諾 bù qí nuò
エスプレッソ Esupuressso	濃縮咖啡	濃 縮 咖 啡 nóng suō kā fēi
ハーブティー Haabu tii	香草茶	香 草 茶 xiāng cǎo chá
やきトマト Yaki tomato	炸薯茄	烤 西 紅 柿 kǎo xī hóng shì
ポテトソテー Poteto sotee	炒薯仔	炒 土 豆 chǎo tǔ dòu

ファーストフードショップ　快餐店

在日本的快餐店用餐後，顧客須自行清理桌面，與香港的習慣稍有不同。你應把餐盤放在特設的垃圾箱上，即棄食具和廚餘有時要分開處理，只需跟隨指示牌的做法便可。

チップ　免付小費

日本沒有其他國家的「小費文化」，用餐過後、酒店住宿、乘搭的士等都只需按單據列明的金額付費即可。一般餐廳的收銀處設於入口旁，顧客須自行到櫃位付款，而不是安坐於位等侍應來了才付鈔。當然，大部分的餐館也接受信用卡付款。

うどんとラーメン　烏冬與拉麵

相信香港人對「烏冬」（udon）和「拉麵」（ra-men）一點也不陌生，但正宗食法一定要在日本才找得到。不過，就算在日本當地，也有幾十種食法。就以關東地區（関東，Kanto）的烏冬為例，當地人多以深色的醬油濃湯為湯底，而關西地區（関西，Kansai）的烏冬湯底則色澤較淺。而拉麵的變化更見繁複，每一碗地道的拉麵都必定有其獨到之秘，味道自是各有不同。

東京食品價格

越光米（Koshihikari Rice）	5kg	￥2,520
白麵包（Shokupan）	1kg	￥452
硬豆腐（Momendofu）	100g	￥33
牛柳	100g	￥880
豬柳	100g	￥239
雞腿	100g	￥129
火腿	100g	￥266
牛奶	1,000ml	￥212
雞蛋（大碼）	10隻	￥206
吞拿魚刺身（Maguro Sashimi）	100g	￥399
包心菜	1kg	￥169
蘿蔔	1kg	￥205
檸檬	1kg（每個約100–160g）	￥539
橙	1kg（每個約170–310g）	￥377
香蕉	1kg	￥235
菜籽油	1樽/1kg	￥408
麵豉（Miso）	750g	￥358
茄醬	500g	￥267
蛋黃醬	500g	￥312
呍呢嗱味雪糕	120ml	￥268
大福草餅（Daifuku）	100g	￥109
朱古力	65g/片	￥106
薯片	60-95g/包	￥185
礦泉水	2,000ml	￥136
啤酒	350ml．6罐	￥1,213
煎綠茶（Sencha）	100g	￥618
即食杯麵（拉麵 Ramen）	77g	￥145
便當（Bento）	1盒	￥545

5 店、デパート、サービス 店舗及各種服務

日本語	廣東話	普通話

CH05_01

買い物 購物

日本語	廣東話	普通話
いりぐち Iriguchi	入口	入 口 rù kǒu
でぐち Deguchi	出口	出 口 chū kǒu
ひじょうぐち Hijooguchi	緊急出口	緊 急 出 口 jǐn jí chū kǒu
アフターサービス Afutaa saabisu	售後服務	售 後 服 務 shòu hòu fú wù
バーゲンセール Baagen seeru	大減價	大 甩 賣 dà shuǎi mài
わりびき warihiki	折扣	折 扣 zhé kòu
どこにありますか。 Doko ni arimasu ka?（物件）	喺邊？	仕 哪（兒）？ zǎi nǎr
もっといいのは Motto ii no wa どこにありますか。 doko ni arimasu ka?	邊度有更好嘅…？	哪（兒）有 更 好 的…？ nǎr yǒu gèng hǎo de
…はどこにありますか。 … wa doko ni arimasu ka?	我可以喺邊度搵 到…？	我 可 以 在 哪 裏 找 wǒ kě yǐ zài nǎ li zhǎo 到 …? dào

日本語	廣東話	普通話
ショッピングセンターは Shoppingu sentaa wa どこですか。 doko desu ka?	邊度有購物中心？	哪 裏 有 購 物 中 心？ nǎ li yǒu guò wù zhōng xīn
とおいですか。 Tooi desu ka?	離呢度好遠架？	離 這(兒) 很 遠 嗎？ lí zhèr hěn yuǎn ma
どうやっていきますか。 Dooyatte ikimasu ka?	我點先可以去到 嗰度？	我 怎 樣 才 能 到 wǒ zěn yàng cái néng dào 那(兒)？ nàr

カスタマーサービス 客戶服務　　　　　　　　　　　CH05_02

いらっしゃいませ。 Irasshaimase.	歡迎光臨	歡 迎 光 臨 huān yíng guāng lín
すこしみてから… Sukoshi mite kara…	我睇下先	先 讓 我 看 看 xiān ràng wǒ kàn kan
…ありますか。 … arimasu ka?	你有無…？	你 有 沒 有 …？ nǐ yǒu méi yǒu
…をかいたいのですが。 … o kaitai nodesu ga.	我想買…	我 想 買 … wǒ xiǎng mǎi
すみません。…を Sumimasen. …o さがしているのですが。 sagashite iruno desuga …	唔好意思，我想 搵…	對 不 起 ， 我 想 找… duì bu qǐ wǒ xiǎng zhǎo
エスカレーター/エレベーターは Esukareetaa erebeetaa wa どこですか。 doko desu ka?	邊度有較/扶手 電梯？	哪 裏 有 升 降 機/ nǎ lǐ yǒu shēng jiàng jī 電 梯？ diàn tī

日本語	廣東話	普通話
…をみせてもらえますか。 … o misete morae masu ka?	你可唔可以畀… 我睇下？	你 可 不 可 以 給 … nǐ kě bu kě yǐ gěi 我 看 看？ wǒ kàn kan
―それ… Sore…	― 嗰件	― 那 件 nà jiàn
―それ… Sore…	― 嗰幾件	― 那 幾 件 nà jǐ jiàn
―これ… Kore..	― 呢件	― 這件 zhè jiàn
―ショーウインドウの Shoo uindoo no なかのあれ… nakano are…	― 櫥窗嗰件	― 放 在 櫥 窗 的 fàng zài chú chuāng de 那 件 nà jiàn
…がほしいのですが。 …ga hoshii no desu ga.	我想搵一件…	我 想 找 一 件 … wǒ xiǎng zhǎo yī jiàn
―もっとおおきいの Motto ookii no	― 大啲嘅	― 大 點（兒）的 dà diǎnr de
―もっとやすいの Motto yasui no	― 平啲嘅	― 便 宜 點（兒）的 pián yi diǎnr de
―もっとじみなの Motto jimi na no	― 沉色啲嘅	― 顏 色 深 點（兒） yán sè shēn diǎnr 的 de
たかいものは takai mono wa あまりほしくありません。 amari hoshiku arimasen.	我唔想要太貴 嘅嘢	我 不 想 要 太 貴 的 wǒ bù xiǎng yào tài guì de 東 西 dōng xi
もっとたかいのがほしい Motto takai no ga hoshii です。 desu.	我想要件貴啲嘅	我 想 要 貴 點（兒）的 wǒ xiǎng yào guì diǎnr de

日本語	廣東話	普通話
サンプルをみせてもらえますか。 Sanpuru o misete moraemasu ka?	你有無樣版畀我睇下？	你 有 沒 有 樣 品 給 nǐ yǒu méi yǒu yàng pǐn gěi 我 看 看？ wǒ kàn kan
…のはありますか。 …nowa arimasu ka?	你有無啲係…	你 有 沒 有 一 些 東 nǐ yǒu méi yǒu yì xiē dōng 西 是… xi shì
－そんなにたかくない 　　Sonnani takakunai	－無咁貴	－ 不 太 貴 的 　bù tài guì de
－もっとおおきい 　　Motto ookii	－大啲	－ 大 點（兒）的 　dà diǎnr de
－もっとちいさい 　　Motto chiisai	－細啲	－ 小 點（兒）的 　xiǎo diǎnr de
いくらですか。 Ikura desu ka?	幾多錢？	多 少 錢？ duō shǎo qián
よくわかりません。 Yoku wakarimasen.	我唔係好明白	我 不 太 明 白 wǒ bù tài míng bai
かいてくれますか。 Kaite kuremasu ka?	你可唔可以幫我寫低？	你 可 不 可 以 幫 我 寫 nǐ kě bu kě yǐ bāng wǒ xiě 下 來？ xià lái
わたしは…えん/ほんこんドル/ Watashi wa …en /honkon doru/ じんみんげんいじょうを jinmingen ijoo o つかいたくないです。 tsukai takunai desu.	我唔想用多過… （價錢）円 / 蚊 / 人 民幣	我 不 想 用 超 過…（價錢） wǒ bù xiǎng yòng chāo guò 日 元/港 元/人 民 幣 rì yuán gǎng yuán rén mín bì

日本語	廣東話	普通話
これはわたしがさがしている Kore wa watashi ga sagashiteiru ものではありません。 mono dewa arimasen.	呢個唔係我想 搵嘅	這 個 不 是 我 想 找 的 zhè ge bù shì wǒ xiǎng zhǎo de
あまりすきではありません。 Amari suki dewa arimasen.	我唔係幾鍾意	我 不 太 喜 歡 wǒ bù tài xǐ huan
これにします。 Kore ni shimasu.	我要呢個	我 要 這 個 wǒ yào zhè ge
これのとりよせを Kore no toriyose o おねがいできますか。 onegai dekimasu ka?	你可唔可以幫我 訂呢個？	你 可 不 可 以 替 我 nǐ kě bù kě yǐ tì wǒ 預 訂 這 個？ yù dìng zhè ge
どのくらいかかりますか。 Donokurai kakarimasu ka?	要等幾耐？	要 等 多 久？ yào děng duō jiǔ

支払い 界錢 / 付款　　　　　　　　　　　CH05_03

クレジットカードが Kurejitto kaado ga つかえるレジ tsukaeru reji	可以用信用卡界 錢嘅櫃台	可 以 用 信 用 卡 付 kě yǐ yòng xìn yòng kǎ fù 款 的 櫃 枱 kuǎn de guì tái
ぜんぶで、…えん/ほんこんドル/ Zenbu de en / honkon doru じんみんげん です。 jinmingen desu.	總共…(價錢)円 / 蚊/人民幣	一 共 …(價錢)日 元 yī gòng rì yuán 港 元 / 人 民 幣 gǎng yuán rén mín bì
レジはあちらです。 Reji wa achira desu.	收銀處喺嗰邊	收 款 處 在 那 邊 shōu kuǎn chù zài nà biān

日本語	廣東話	普通話
すみません。レジは Sumimasen.　Reji wa どこですか。 doko desu ka?	唔好意思，我可以 喺邊度畀錢？	不 好 意 思 ， 我 可 bù hǎo yì si 　 wǒ kě 以 在 哪（兒）付 款？ yǐ zài nǎr fù kuǎn
クレジットカードで Kurejitto　kaado de はらえますか。 harae masu ka?	可唔可以用信用 卡？	可 不 可 以 用 信 用 kě bu kě yǐ yòng xin yòng 卡？ kǎ
けいさんがまちがっている Keesan ga machigatte iru みたいですよ。 mitai desu yo.	我諗你計錯數	我 想 你 弄 錯 了 價 錢 wǒ xiǎng nǐ nòng cuò le jià qián
ほかになにかほしいものが Hokani　nanika hoshii mono ga ありますか。 arimasu ka?	你仲有無其他嘢 想要？	你 還 需 要 其 他 東 nǐ hái xū yào qí tā dōng 西 嗎？ xi ma
もうけっこうです。ありがとう。 Moo kekkoo　desu.　Arigatoo.	無喇，唔該	不 需 要 了，謝 謝 bù xū yào le xiè xie
そうですね。あと、…が Soodesu ne.　Ato,…ga ほしいのですが。 hoshiino desu ga…	有，我仲想要…	有 ， 我 還 想 要… yǒu 　 wǒ hái xiǎng yào
…をもってきてもらえますか。 … o motte kite　morae masuka?	你可唔可以拎…畀 我？	你 可 不 可 以 拿… nǐ kě bu kě yǐ ná 給 我？ gěi wǒ

日本語	廣東話	普通話
これをつつんでもらえますか。 Kore o tsutsunde morae masu ka?	可唔可以幫我包起佢？	可 不 可 以 替 我 把 kě bu kě yǐ tì wǒ bǎ 這 包 裝 一 下？ zhè bāo zhuāng yī xià
きれいにつつんでもらえます Kiree ni tsutsunde morae masu か。 ka?	可唔可以包靚佢？	可 不 可 以 把 它 包 kě bu kě yǐ bǎ tā bāo 裝 得 美 觀 一 點 (兒)？ zhuāng de měi guān yī diǎnr
ふくろをください。 Fukuro o kudasai.	唔該畀個袋我	請 給 我 一 個 袋 子 qǐng gěi wǒ yī ge dài zi
かえてもらえますか。 Kaete moraemasu ka?	可唔可以幫我換過？	可 不 可 以 替 我 更 換？ kě bu kě yǐ tì wǒ gēng huàn
へんぴんをおねがいしたい Henpin o onegai shitaino のですが… no desu ga …	我想退貨	我 需 要 退 貨 wǒ xū yào tuì huò
はらいもどしをおねがいしたい Harai modoshi o onegai shitai のですが… no desu ga …	我想退番錢	我 想 退 款 wǒ xiǎng tuì kuǎn
これはりょうしゅうしょです。 Kore wa ryooshuusho desu.	呢張係你嘅收據	這 是 你 的 收 據 zhè shi nǐ de shōu jù
すみません。りょうしゅうしよを Sumimasen. Ryooshuusho o なくしました。 nakushimashita	唔好意思，我唔見咗張收據	不 好 意 思 ， 我 丟 失 bù hǎo yì si wǒ diū shī 了 收 據 le shōu jù

日本語	廣東話	普通話
スーパー 超級市場		CH05_04
カート Kaato	手推車	手 推 車 shǒu tuī chē
ふくろ Fukuro	袋	袋 子 dài zi
レジ/レジのひと Reji reji no hito	收銀機／收銀員	收 款 機／收 款 員 shōu kuǎn jī shōu kuǎn yuán
すみません。 Sumimasen. ちょっと おききしますが… Chotto okiki shimasuga …	唔好意思，我想問啲嘢	不 好 意 思 ， 請 問… bù hǎo yì si qǐng wèn
…はどこにありますか。 … wa doko ni arimasu ka?	邊度有…	哪 裏 有 … nǎ li yǒu
― ビスケット/クッキー Bisuketto kukkii	― 餅乾	― 餅 乾 bǐng gàn
― パン Pan	― 麵包	― 麵 包 miàn bāo
― バター Bataa	― 牛油	― 黃 油 huáng yóu
― チーズ Chiizu	― 芝士	― 奶 酪 nǎi lào
― こめ Kome	― 米	― 米 mǐ
― しお Shio	― 鹽	― 鹽 yán
― しょうゆ Shooyu	― 醬油	― 醬 油 jiàng yóu
― (ちょうりようの)さとう (Choori yoo no) satoo	― 糖（調味用） （粵音第四聲）	― 糖（調味用） táng
― おかし Okashi	― 糖（零食） （粵音第二聲）	― 糖 果（零食） táng guǒ
― おちゃ Ocha	― 茶	― 茶 chá

日本語	廣東話	普通話
一 やさいスナック Yasai sunakku	一 素菜包	一 素 菜 包 sù cài bāo
一 チョコレート Chokoreeto	一 朱古力	一 巧 克 力 qiǎo kè lì
一 コーヒー Koohii	一 咖啡	一 咖 啡 kā fēi
一 あぶら Abura	一 油	一 油 yóu
一 ココナッツオイル Kokonattsu oiru	一 椰子油	一 椰 子 油 yē zi yóu
一 コーンオイル Koon oiru	一 粟米油	一 玉 米 油 yù mǐ yóu
一 さかな Sakana	一 鮮魚	一 鮮 魚 xiān yú
たまご/あひるのたまご Tamago ahiru no tamago	一 雞 / 鴨 蛋	一 雞 / 鴨 蛋 jī yā dàn
一 れいとうしょくひん Reetoo shokuhin	一 冷藏食物	一 冷 凍 食 物 lěng dòng shí wù
一 くだもの Kudamono	一 生果	一 水 果 shuǐ guǒ
一 ジュース Juusu	一 果汁	一 果 汁 guǒ zhī
一 ジャム jamu	一 果醬	一 果 醬 guǒ jiàng
一 にく Niku	一 肉	一 肉 ròu
一 ミルク/ぎゅうにゅう Miruku Gyuunyuu	一 奶 / 牛奶	一 奶 / 牛 奶 nǎi niú nǎi
一 めん Men	一 麵	一 麵 miàn
一 やさい Yasai	一 蔬菜	一 蔬 菜 shū cài
一 おす Osu	一 醋	一 醋 cù
一 おさけ/ワイン Osake / Wain	一 酒	一 酒 jiǔ
一 ヨーグルト Yooguruto	一 乳酪	一 酸 奶 suān nǎi

日本語	廣東話	普通話

クリーニング 洗衣店 CH05_05

日本語	廣東話	普通話
もよりのクリーニングやは Moyori no kuriiningu ya wa どこにありますか。 doko ni arimasu ka?	附近邊度有洗衣舖？	附 近 哪 裏 有 洗 衣 店？ fù jìn nǎ li yǒu xǐ yī diàn
このいるいを…おねがいし Kono irui o … onegai shi ます。 masu.	我想...呢啲衫	我 想 ... 這 些 衣 服 wǒ xiǎng zhè xiē yī fu
－ ドライクリーニング Doraikuriiningu	－ 乾洗	－ 乾 洗 gān xǐ
－ アイロン Airon	－ 燙	－ 熨 yùn
－ みずあらい Mizu arai	－ 濕洗	－ 濕 洗 shī xǐ
いつできますか。 Itsu dekimasu ka?	幾時攞得？	甚 麼 時 候 可 以 shén me shí hou kě yǐ 拿 回？ ná huí
...できますか。 ... dekimasu ka?	可唔可以喺...攞？	可 以 在 ... 拿 回 嗎？ kě yǐ zài ná huí ma
－ きょう Kyoo	－ 今日	－ 今 天 jīn tiān
－ こんばん Konban	－ 今晚	－ 今 天 晚 上 jīn tiān wǎn shang
－ あした Ashita	－ 聽日	－ 明 天 míng tiān
－ きんようびまでに kin yoobi madeni	－ 星期五前	－ 星 期 五 前 xīng qī wǔ qián

日本語	廣東話	普通話
なおしてもらえますか Naoshite moraemasu ka?	你可唔可以幫我整番好/補番好呀？	可 不 可 以 幫 我 把 它 kě bu kě yǐ bāng wǒ bǎ tā 弄 好/修 補 好? nòng hǎo xiū bǔ hǎo
ボタンをつけなおして Botan o tsukenaoshite もらえますか。 moraemasu ka?	你可唔可以幫我釘番粒鈕？	你 可 不 可 以 幫 我 nǐ kě bu kě yǐ bāng wǒ 把 鈕 扣 釘 上? bǎ niǔ kòu dīng shang
これはわたしのではありません。 Kore wa watashi no dewa arimasen.	呢件唔係我嘅	這 一 件 不 是 我 的 zhè yī jiàn bù shì wǒ de
いちまいたりません。 Ichimai tarimasen.	少咗一件	少 了 一 件 shǎo le yī jiàn
ここにあながあいていますよ。 Koko ni ana ga aiteimasu yo.	呢度有個窿！	這 裏 有 個 洞! zhè lǐ yǒu ge dòng
わたしのふくはもう Watashi no fuku wa moo できましたか。 dekimashita ka?	我啲衫得未？	我 的 衣 服 可 以 拿 wǒ de yī fu kě yǐ ná 回 了 嗎? huí le ma

美容院 髮型屋/理髮店　　　　　　　　　CH05_06

わたしは にほんご/フランスご/ Watashi wa nihongo/ furansugo/ かんとんご/ちゅうごくご が kantongo / chuugokugo ga あまりできません。 amari dekimasen.	我唔係好識講日文/法文/廣東話/普通話	我 不 太 會 説 日 文/ wǒ bù tài huì shuō rì wén 法 文/廣 東 話/普 通 話 fǎ wén guǎng dōng huà pǔ tōng huà
いそいでいます。 Isoide imasu.	我趕時間	我 趕 時 間 wǒ gǎn shí jiān

日本語	廣東話	普通話
カットとシャンプーですか。 Katto to shanpuu desu ka?	剪頭髮同洗頭？	剪 髮 和 洗 頭？ jiǎn fà hé xǐ tóu
ざっしがありますか。 Zasshi ga arimasu ka?	你哋有無雜誌？	你 們 有 沒 有 雜 誌？ nǐ men yǒu méi yǒu zá zhì
カットをおねがいしたいです。 Katto o onegai shitai desu.	我想剪頭髮	我 想 剪 髮 wǒ xiǎng jiǎn fà
カットだけおねがいしたいです。 Katto dake onegai shitai desu.	我淨係想剪頭髮	我 只 是 想 剪 髮 wǒ zhǐ shì xiǎng jiǎn fà
そんなにみじかくきらないで Sonna ni mijikaku kiranaide ください。 kudasai.	唔好剪咁短，唔該	請 不 要 剪 太 短 qǐng bù yào jiǎn tài duǎn
はさみだけできってください。 Hasami dake de kitte kudasai.	淨係用鉸剪	只 用 剪 刀 zhǐ yòng jiǎn dāo
かみをそめたいです。 Kami o sometai desu.	我想染髮	我 想 染 髮 wǒ xiǎng rǎn fà
どんないろにしますか。 Donna iro ni shimasuka?	你想染乜嘢色？	你 想 染 甚 麼 顏 色？ nǐ xiǎng rǎn shén me yán sè
なにかサンプルがありますか。 Nanika sanpuru ga arimasu ka?	有無版畀我睇下？	你 有 沒 有 樣 版 給 nǐ yǒu méi yǒu yàng bǎn gěi 我 看 看？ wǒ kàn kan
うんとみじかくきってください。 Unto mijikaku kitte kudasai.	鏟青	鏟 青 chǎn qīng

日本語	廣東話	普通話
ここをもうすこしみじかく Koko o moo sukoshi mijikaku きってください。 kitte kudasai	呢度再剪短少少，唔該	請 在 這（兒）再 剪 短 qǐng zài zhèr zài jiǎn duǎn 一 些 yì xiē
ジェルをつけますか。 Jeru o tsukemasu ka?	你要唔要落啲 gel？	你 要 用 定 型 髮 膠 嗎？ nǐ yào yòng dìng xíng fà jiāo ma
ありがとうございました。 Arigatoo gozaimashita.	唔該晒	謝 謝 xiè xie
いいかんじですね。 Ii kanji desu ne.	剪得好好	剪 得 很 好 jiǎn de hěn hǎo
いくらですか。 Ikura desu ka?	幾多錢呀？	多 少 錢！ duō shǎo qián

下着 内衣 　　　　　　　　　　　　　　　　🔊 CH05_07

日本語	廣東話	普通話
ふじんのしたぎはどこですか。 Fujin no shitagi wa doko desu ka?	請問（女）內衣部喺邊度？	請 問 （女）內 衣 部 在 qǐng wèn nèi yi bù zài 哪（兒）？ nǎr
ブラ Bura	胸圍	胸 罩 xiōng zhào
ストラップレスブラ Sutorappuresu bura	胸托	胸 托 xiōng tuō
このブラはちょっときついです。 Kono bura wa chotto kitsui desu.	呢個胸圍太細	這 個 胸 罩 太 小 zhè ge xiōng zhào tài xiǎo
はだぎ Hadagi	全身內衣	全 身 內 衣 quán shēn nèi yi

日本語	廣東話	普通話
パンツ/パンティ Pantsu　pantii	內褲	內　褲 nèi　kù
Tバック T bakku	T-back	丁　字　褲 dīng　zì　kù
ストッキング/ Sutokkingu パンティストッキング Pantii sutokkingu	襪褲	襪　褲 wà　kù
いけんをきかせてください。 Iken　o kikasete　kudasai.	你畀啲意見我？	你　給　我　一　些　建　議 nǐ　gěi　wǒ　yī　xiē　jiàn　yì 好　嗎 ？ hǎo　ma
これはほかのいろが Kore wa hoka no iro ga ありますか。 arimasu ka?	同一款有無第二隻 色？	這　款　有　沒　有　其　他 zhè　kuǎn　yǒu　méi　yǒu　qí　tā 顏　色？ yán　sè
Sサイズ/Lサイズがありますか。 S saizu　L saizu　ga arimasu ka?	有無細碼／大碼？	有　小　號/　大　號　嗎？ yǒu　xiǎo　hào/　dà　hào　ma
もっとセクシーなものが Motto　sekushii na mono ga ありますか。 arimasu ka.	有無件再性感啲 嘅？	有　再　性　感　點 (兒)　的　嗎？ yǒu　zài　xìng　gǎn　diǎnr　de　ma
しちゃくしつはどこですか。 Shichakushitsu　wa doko desu ka?	試身室喺邊度？	試　衣　室　在　哪　裏？ shì　yī　shì　zài　nǎ　li
パンツ Pantsu	三角內褲	三　角　內　褲 sān　jiǎo　nèi　kù

日本語	廣東話	普通話
ボクサー Bokusaa	孖煙囪	平 腳 內 褲 píng jiǎo nèi kù

エステ 美容

CH05_08

日本語	廣東話	普通話
このちかくにエステサロン Kono chikaku ni esute saron がありますか。 ga arimasu ka?	呢度附近有無美 容院？	這 裏 附 近 有 沒 有 美 zhè lǐ fù jìn yǒu méi yǒu měi 容 院？ róng yuàn
きょうのごごのよやくを Kyoo no gogo no yoyaku o おねがいできますか。 onegai dekimasu ka?	我可唔可以約今日 下晝？	我 可 不 可 以 預 約 今 wǒ kě bu kě yǐ yù yuē jīn 天 下 午？ tiān xià wǔ
なにかていあんがありますか。 Nanika teean ga arimasu ka?	你有乜嘢意見？	你 有 甚 麼 建 議！ nǐ yǒu shén me jiàn yì
マッサージ/エステ/フェイシャル Massaaji esute feisharu	按摩 / 做 facial / 面 部護理	按 摩 / 做 美 容 / àn mó zuò měi róng 面 部 護 理 miàn bù hù lǐ
マニキュア/ペディキュア Manikyua pedikyua	修手甲 / 腳甲	修 指 甲 / 腳 甲 xiū zhǐ jiǎ jiǎo jiǎ
パッケージがありますか。 Pakkeejiga arimasu ka?	有無套票 / package？	請 問 有 沒 有 套 票？ qǐng wèn yǒu méi yǒu tào piào
ふたりぶんのよやくをしました。 Futari bun no yoyaku o shimashita.	我訂咗兩位	我 預 訂 了 兩 位 wǒ yù dìng le liǎng wèi
へやをふたつよやくしました。 heya o futatsu yoyaku shimashita.	我哋訂咗兩間房	我 們 預 訂 了 兩 個 房 wǒ men yù dìng le liǎng ge fáng 間 jiān

日本語	廣東話	普通話
おなじへやでもかまいません。 Onaji heya demo kamaimasen.	同一間房都可以	同 一 個 房 間 也 可 以 tóng yī ge fáng jiān yě kě yǐ
ここではネイルをやっていま Kokodewa neiru o yatte すか。 imasuka?	你哋有無修甲服 務？	你 們 有 修 甲 服 務 嗎？ nǐ men yǒu xiū jiǎ fú wù ma
フレンチマニキュア Furenchi manikyua	法式修甲	法 式 修 甲 fǎ shì xiū jiǎ
どのネイルカラーがありますか。 Dono neiru karaa ga arimasu ka?	你哋有乜嘢色嘅 甲油？	你 們 有 甚 麼 顏 色 的 nǐ men yǒu shén me yán sè de 甲 油？ jiǎ yóu
ホテルのクーポンをもっている Hoteru no kuupon o motte iru ので、わりびきおねがいします。 node, waribiki onegai shimasu.	我哋有酒店優惠 券，可唔可以畀 discount？	我 們 有 酒 店 優 惠 券， wǒ men yǒu jiǔ diàn yōu huì quàn 可 不 可 以 打 折？ kě bu kě yǐ dǎ zhé
フットマッサージ futto massaaji	腳底按摩	腳 底 按 摩 jiǎo dǐ àn mó
スクラブ Sukurabu	磨砂	磨 砂 mó shā
コンデイショニング Kondishoningu	修護素	修 護 素 xiū hù sù
…のだつもう … no datsumoo	… 脱毛	… 脱 毛 tuō máo
ー あし Ashi	ー 腳部	ー 腳 部 jiǎo bù
ー かお Kao	ー 面部	ー 面 部 miàn bù

日本語	廣東話	普通話
― わき Waki	― 腋下	― 腋 下 　yè xià
― ビキニライン Bikini rain	― 比堅尼線	― 比 基 尼 線 　bǐ jī ní xiàn
…マッサージ … massaaji	… 按摩	… 按 摩 　àn mó
― タイしき Tai shiki	― 泰式	― 泰 式 　tài shì
― しあつ Shiatsu	― 指壓	― 指 壓 　zhǐ yā
イヤーキャンドル Iyaa kyandoru	耳燭	耳 燭 ě zhú
いたいです。 Itai desu.	好痛	好 痛 hǎo tòng
おんがくをちいさくしてください。 Ongaku o chiisaku shite kudasai.	你可唔可以較細啲 音樂？	你 可 以 把 音 樂 調 nǐ kě yǐ bǎ yīn yuè tiáo 小 聲 嗎？ xiǎo shēng ma?
ちょっとライトがあかるすぎます。 Chotto raito ga akarusugi masu.	太光啦	太 亮 了 tài liàng le
ふくをぬいでください。 Fuku o nuide kudasai.	請你除咗啲衫先	請 你 先 脱 下 衣 服 qǐng nǐ xiān tuō xià yī fu
からだのむきをかえてください。 Karada no muki o kaete kudasai.	請你轉一轉身	請 你 轉 一 轉 身 qǐng nǐ zhuǎn yī zhuǎn shēn
ここにバスタオル/バスローブが Kokoni basu taoru basuroobu ga ありますか。 arimasu ka?	呢度有無毛巾/浴 袍？	這 裏 有 毛 巾/浴 袍 zhè lǐ yǒu máo jīn/ yù páo 嗎？ ma

日本語	廣東話	普通話
サウナ Sauna	桑拿	桑 拿 sāng ná
スチームバス Suchiimubasu	蒸氣浴	蒸 氣 浴 zhēng qì yù
シャワー Shawaa	花灑浴	淋 浴 lín yù
プール Puuru	泳池	游 泳 池 yóu yǒng chí
ジム Jimu	健身室	健 身 房 jiàn shēn fáng
エネルギー／エナジードリンク Enerugii　　Enajii dorinku	能量飲品	能 量 飲 料 néng liàng yīn liào

日本のデザイナー / 日本設計師　 CH05_09

- 西山徹　（Tetsu Nishiyama，旗下品牌：W) Taps）
- 伊崎真一（Shinichi Izaki，旗下品牌：KIKS TYO）
- 尾花大輔（Daisuke Obana，旗下品牌：N. Hoolywood）
- 川久保玲（Rei Kawakubo，旗下品牌：Comme des Garcons）
- 三宅一生（Issey Miyake，旗下品牌：Misake Design Studios）
- 山本耀司（Yohji Yamamoto，旗下品牌：Yohji Yamamoto / Y's ）

禮物包裝服務

プレゼントの包装　禮物包裝

日本商店普遍都會替顧客包裝禮物，不另收費。儘管傳統而繁複的包裝到今天已大大簡化，但適當的包裝仍能表達你對受禮者的尊重和心意，不可或缺。你可以在商店的顧客服務櫃位請店員替你包裝禮物，雖然是免費服務，但如果你想把禮物包裝得華貴一點，人家也得額外收費了。

日本時尚雜誌

Mina
網址：http://mina-shop.jp

JJMode
網址：http://jj-m.jp

ViVi
網址：www.netvivi.cc

Non-no
網址：http://www.s-woman.net/non-no

CanCam
網址：http://cancam.tv/

AneCan
網址：http://anecan.tv/

日本化妝品牌

Coffret d'Or
網址：www.kanebo-cosmetics.jp/coffretdor

Jill Stuart
網址：www.jillstuart.com

Kate
網址：http://nomorerules.net

MAQUillage
網址：www.shiseido.com/maquillage

RMK
網址：www.rmkrmk.com/

Lavshuca
網址：www.kanebo-cosmetics.jp/lavshuca

Lunasol
網址：www.kanebo-cosmetics.jp/lunasol

Kiss
網址：www.kiss-cosmetics.com

Majolica Majorca
網址：www.majolica-majorca.com

日本語	廣東話	普通話

タクシーに乗る 搭的士／打的 　　　　　　　　　CH06_01

日本語	廣東話	普通話
タクシー Takushii	的士	出 租 車 chū zū chē
どこへいきますか。 Doko e ikimasu ka?	去邊呀？	去 哪（兒）？ qù nǎr
くうこうまでおねがいします。 Kuukoo made onegai shimasu.	去機場吖，唔該	麻 煩 你 去 機 場 má fán nǐ qù jī chǎng
ここへおねがいします。 Koko e onegai shimasu.	去呢個地址度	去 這 個 地 址 qù zhè ge dì zhǐ
このホテルまで Kono hoteru made おねがいします。 onegai shimasu.	車我去呢間酒店	載 我 去 這 間 酒 店 zài wǒ qù zhè jiān jiǔ diàn
ショッピングがいへ、 Shoppingu gai e いきたいです。 ikitai desu.	我想去購物區	我 想 去 購 物 區 wǒ xiǎng qù gòu wù qu
バーかのみやは Baa ka nomiya wa どこにありますか。 doko ni arimasu ka?	你知唔知邊度有 酒吧或者可以坐 低飲嘢嘅地方？	你 知 不 知 道 哪 裏 nǐ zhī bu zhī dào nǎ li 有 酒 吧 或 者 可 以 yǒu jiǔ bā huò zhě kě yǐ 坐 下 來 喝 點（兒）東 zuò xià lái hē diǎnr dōng 西 的 地 方？ xi de dì fang

日本語	廣東話	普通話
まちをかんこうしたいので、 Machi o kankoo shitai node, まわってもらえますか。 mawatte morae masu ka?	你可唔可以兜我 遊覽下呢個城市？	你 可 不 可 以 帶 我 nǐ kě bu kě yǐ dài wǒ 遊 覽 一 下 這 個 城 yóu lǎn yī xià zhè ge chéng 市 ？ shì
ちかみちをしてください。 Chikamichi o shite kudasai.	唔該行條短啲嘅 路／快啲嘅路	請 走 比 較 近 的 路／ qǐng zǒu bǐ jiào jìn de lù 快 些 的 路 kuài xiē de lù
ひだり／みぎ　へまがって Hidari migi e magatte ください。 kudasai.	唔該轉左／轉右	請 左 拐／右 拐 qǐng zuǒ guǎi yòu guǎi
まっすぐいってください。 Massugu itte kudasai.	直去	直 走 zhí zǒu
ここでまってください。 Kokode matte kudasai.	喺呢度等我，唔該	請 在 這 裏 等 我 qǐng zài zhè lǐ děng wǒ
ここではくるまがとめられ Kokodewa kuruma ga tomerare ません。 masen.	我唔可以喺度停 畀你	我 不 能 在 這 裏 停 車 wǒ bù néng zài zhè lǐ tíng chē
ここでとめてください。 Kokode tomete kudasai.	喺度停啦	在 這 裏 停 下 吧 zài zhè lǐ tíng xià ba
ごひゃくえん/ホンコンドル/ Gohyaku en honkon doru じんみんげん jinmingen	500 円／蚊／ 人民幣	500 日 元／港 元／ wǔbǎi rì yuán gǎng yuán 人 民 幣 rén mín bì

日本語	廣東話	普通話
おつりはいいです。 Otsuri wa ii desu.	唔使找	不 用 找 了 bù yòng zhǎo le
ゆっくりうんてんして Yukkuri unten shite くれませんか。 kuremasen ka?	你可唔可以揸慢 啲呀？	你 可 不 可 以 開 慢 nǐ kě bu kě yǐ kāi màn 點（兒）？ diǎnr
もうすこしいそいで Moo sukoshi isoide もらえませんか。 moraemasen ka?	你可唔可以揸快 少少呀？	你 可 不 可 以 開 快 nǐ kě bu kě yǐ kāi kuài 點（兒）？ diǎnr
おくれてしまいます。 Okurete shimai masu.	我遲到啦	我 快 遲 到 了 wǒ kuài chí dào le
だいじなやくそくがありますから、 Daiji na yakusoku ga arimasu kara, いそいでいます。 isoide imasu.	我趕時間，我有 個好重要嘅約會	我 很 急 ， 我 有 一 wǒ hěn jí wǒ yǒu yī 個 很 重 要 的 約 會 ge hěn zhòng yào de yuē huì

日本語	廣東話	普通話
バスにのりますか。 Basu ni norimasu ka?	我哋搭巴士？	我 們 坐 公 車 嗎？ wǒ men zuò gōng chē ma
…のバスのりばはどこですか。 ... no basu noriba wa doko desuka?	我可以喺邊度搭 到 …(路線編號)號巴 士？	我 可 以 在 哪 裏 坐 wǒ kě yǐ zài nǎ li zuò …(路線編號) 號 公 車 ？ hào gōng chē
すみません。このバスは… Sumimasen. Kono basu wa ... ゆきですか。 yuki desu ka? ー まちのちゅうしんぶ Machi no chuushinbu	唔好意思，我想 問下呢架巴士係 咪去…？ ー 市中心	對 不 起 ， 請 問 你 這 duì bu qǐ qǐng wèn nǐ zhè 輛 公 車 是 不 是 去 …？ liàng gōng chē shì bu shì qù ー 市 中 心 shì zhōng xīn

日本語	廣東話	普通話
ー がっこう Gakkoo	ー 學校	ー 學 校 xué xiào
そうです。ここでまって Soo desu.　Koko de matte ください。 kudasai.	係呀，喺呢度等	是　呀　，　在　這　裏　等 shì　ya　　　zài　zhè　li　dèng
いきさきはここに Ikisaki　wa koko ni かいてあります。 kaite　arimasu.	目的地寫咗喺度	目　的　地　已　寫　在　這(兒) mù　dì　dì　yǐ　xiě　zài　　zhèr
さいごのバスはなんじですか。 Saigo　no basu wa nanji desu ka?	最後一班車係幾 多點？	最　後　一　班　車　在　何 zuì　hòu　yī　bān　chē　zài　hé 時　開　出？ shí　kāi　chū
うんちんはいくらですか。 Unchin　wa ikura desu ka?	車飛幾多錢？	車　票　多　少　錢？ chē　piào　duō　shǎo　qián
どこできっぷをかいますか。 Doko de kippu　o kaimasu ka?	我可以喺邊度買 飛？	我　可　以　在　哪　裏　買 wǒ　kě　yǐ　zài　nǎ　li　mǎi 車　票？ chē　piào
わかりません。もういちど Wakarimasen.　Moo ichido おしえてください。 oshiete kudasai.	唔明，唔該你講 多次	我　不　明　白　，　請　你 wǒ　bù　míng　bai　　　qǐng　nǐ 再　説　一　遍 zài　shuō　yī　biàn
すみません。おりるところを Sumimasen　Oriru　tokoro o おしえてもらえますか。 oshiete　morae masu ka?	唔好意思，你可 唔可以話我知應 該喺邊度落車？	不　好　意　思　，　你　可　不 bù　hǎo　yi　si　　　nǐ　kě　bu 可　以　告　訴　我　應　該　在 kě　yǐ　gào　su　wǒ　yīng　gāi　zài 哪　裏　下　車？ nǎ　li　xià　chē

日本語	廣東話	普通話
きっぷをしゃしように Kippu o shashoo ni みせなければいけません。 misenakereba ikemasen.	要留番張飛畀查 飛員檢查	要 保 留 這 張 車 票 yào bǎo liú zhè zhāng chē piào 讓 驗 票 員 檢 查 ràng yàn piào yuán jiǎn chá
こぜにがありません。 Kozeni ga arimasen.	我無散紙	我 沒 有 零 錢 wǒ méi yǒu líng qián
ここでおりてください。 Koko de orite kudasai.	你喺呢度落車	你 在 這 裏 下 車 nǐ zài zhè lǐ xià chē
そろそろおりますよ。 Sorosoro orimasu yo.	你就快落車	你 快 要 下 車 nǐ kuài yào xià chē
…へいきたいです。 ... e ikitai desu.	我想去…	我 想 去 … wǒ xiǎng qù
ここからとおいですか。 Koko kara tooi desu ka?	嗰度離呢度遠唔 遠？	那 裏 離 這 裏 遠 不 nà li lí zhè lǐ yuǎn bu 遠？ yuǎn
とめてください。 Tomete kudasai.	停車！	停 車！ tíng chē
どうしてここに Dooshite koko ni とまりましたか。 tomarimashita ka?	點解我哋喺度停 嘅？	為 甚 麼 我 們 在 這 wèi shén me wǒ men zài zhè 裏 停 下 來？ lǐ tíng xià lái
どうかしましたか。 Dooka shimashita ka?	有咩問題呀？	有 甚 麼 問 題？ yǒu shén me wèn tí
まどをあけてもいいですか。 Mado o aketemo ii desu ka?	我可唔可以開窗？	我 可 不 可 以 開 窗？ wǒ kě bu kě yǐ kāi chuāng

日本語	廣東話	普通話
すみません。まどをしめて Sumimasen. Mado o shimete くれませんか。 kuremasen ka?	唔該，你可唔可以 閂咗個窗？	對 不 起 ， 你 可 不 duì bu qǐ nǐ kě bu 可 以 關 上 那 個 窗 ？ kě yǐ guān shàng nà ge chuāng

レンタカー 租車　　　　　　　　　　　　CH06_03

くるまをかりたいのですが。 Kuruma o karitai no desu ga.	我想租架車	我 想 租 一 輛 車 wǒ xiǎng zū yī liàng chē
よにん/ごにんのりのくるまを Yonin gonin nori no kuruma o かりたいです。 karitai desu.	我想租一部 4人/5人嘅車	我 想 租 一 輛 4 人／ wǒ xiǎng zū yī liàng sì rén 5 人 車 wǔ rén chē
みっかかん/いっしゅうかん Mikka kan isshuu kan かりたいです。 kari tai desu.	我想租3日／一個 禮拜	我 想 租 3 天／一 個 wǒ xiǎng zū sān tiān yī ge 星 期 xīng qī
オートマのくるまを Ootoma no kuruma o かりたいです。 kari tai desu.	我想要一部自動 波嘅車	我 想 要 一 輛 自 動 wǒ xiǎng yào yī liàng zì dòng 檔 的 車 dǎng de chē
りょうきんは…いくらですか ryookin wa … ikura desu ka?	租…幾多錢？	租 … 多 少 錢 ？ zū duō shǎo qián
ーいちにち 　Ichi nichi	一一日	一 一 天 　yī tiān
ーいちキロ 　Ichi kiro	一一公里	一 一 公 里 　yī gōng lǐ
デポジットはいくらですか。 Depojitto wa ikura desu ka?	按金要幾多錢？	要 多 少 押 金 ？ yào duō shǎo yā jin

日本語	廣東話	普通話
ほけんはいくらですか。 Hoken wa ikura desu ka?	保險要幾多錢？	保 險 要 多 少 錢？ bǎo xiǎn yào duō shǎo qián
どんなしょるいがいりますか。 Donna shorui ga irimasu ka?	我需要畀咩證件？	我 需 要 提 供 甚 麼 證 wǒ xū yào tí gōng shén me zhèng 件？ jiàn
このまちのちずがありますか。 Kono machi no chizu ga arimasu ka?	你有無呢個城市嘅地圖？	你 有 這 城 市 的 地 nǐ yǒu zhè chéng shì de dì 圖 嗎？ tú ma
もよりのガソリンスタンドは Moyori no gasorin sutando wa どこですか。 doko desu ka?	請問最近嘅油站喺邊？	請 問 最 近 的 油 站 qǐng wèn zuì jìn de yóu zhàn 在 哪 裏？ zài nǎ li
ガソリンはリッターいくら Gasorin wa rittaa ikura ですか。 desu ka?	一公升汽油幾多錢？	一 公 升 汽 油 多 少 錢？ yī gōng shēng qì yóu duō shǎo qián
まんタンおねがいします。 Mantan onegai shimasu.	入滿佢吖唔該	請 加 滿 油 qǐng jiā mǎn yóu
レギュラーですか、ハイオク Regyuraa desu ka , haioku ですか。 desu ka?	普通定係特級汽油？	普 通 還 是 特 級 汽 油？ pǔ tōng hái shi tè jí qì yóu
…をみてくれますか。 …o mite kuremasu ka?	你可唔可以檢查下…？	你 可 不 可 以 檢 查 nǐ kě bu kě yǐ jiǎn chá 一 下 …？ yī xià

日本語	廣東話	普通話
― ウォッシャータンク Wosshaa tanku	― 水箱	― 水 箱 shuǐ xiāng
― ラジエーター Rajieetaa	― 散熱器	― 散 熱 器 sàn rè qì
― ガソリンがたりるか Gasorin ga tariruka	― 夠唔夠油	― 汽 油 夠 不 夠 qì yóu gòu bu gòu
― バッテリー Batterii	― 電池	― 電 池 diàn chí
― ブレーキ Bureeki	― 煞車掣	― 煞 車 掣 shà chē chè
― キャブレター Kyaburetaa	― 化油缸	― 化 油 缸 huà yóu gāng
― エアコン Eakon	― 冷氣機	― 空 調 kōng tiáo
― ペダル Pedaru	― 腳掣	― 踏 板 tà bǎn
― ギヤ Giya	― 驅動器	― 驅 動 器 qū dòng qì
― ガスタンク Gasu tanku	― 油箱	― 油 箱 yóu xiāng
― プラグ Puragu	― 火咀	― 阻 塞 門 zǔ sè mén
― スペアタイヤ Supea taiya	― 士啤呔	― 後 備 車 胎 hòu bèi chē tāi

地下鉄に乗る 搭地鐵 / 乘地鐵　　　　CH06_04

ほんこん/ぺきん/とうきょう Honkon / pekin / tookyoo までのちかてつがありますか。 made no chikatetsu ga arimasu ka?	有無地鐵去香港 / 北京 / 東京？	有 沒 有 地 鐵 前 往 yǒu méi yǒu dì tiě qián wǎng 香 港 /北 京 /東 京？ xiāng gǎng běi jīng dòng jīng
もちろんありますよ。 Mochiron arimasu yo.	梗係有啦！	當 然 有！ dāng rán yǒu
ターミナルはどこですか。 Taaminaru wa doko desu ka?	總站喺邊呀？	總 站 在 哪 裏？ zǒng zhàn zài nǎ li

日本語	廣東話	普通話
いくつかのせんがありますが、 Ikutsuka no sen ga arimasu ga, そんなにふくざつ sonna ni fukuzatsu ではありません。 dewa arimasen.	地鐵得幾條線， 唔係好複雜啫	地 鐵 只 有 幾 條 線 ， dì tiě zhǐ yǒu jǐ tiáo xiàn 不 是 太 複 雜 的 bù shì tài fù zá de
はやいですか。 Hayai desu ka?	快唔快架？	快 不 快？ kuài bu kuài
はやいですよ。 Hayai desu yo!	快呀！	快 呀！ kuài ya
きっぷかいすうけんをかう Kippu ka kaisuuken o kau ひつようがありますか。 hitsuyoo ga arimasu ka?	使唔使買飛或者 套票？	要 不 要 買 車 票 或 yào bu yào mǎi chē piào huò 者 套 票？ zhě tào piào
はい。きっぷかカードが Hai. Kippu ka kaado ga ひつようです。 hitsuyoo desu.	要呀，你要買飛 或者卡（儲值卡）	要 啊 ， 你 要 買 車 票 yào a nǐ yào mǎi chē piào 或 者 卡（儲值卡） huò zhě kǎ

フェリーに乗る 搭船 / 乘船　　　　　　　CH06_05

ふね/フェリーのりば Fune ferli noriba	碼頭	碼 頭 mǎ tou
ふねにのりたいです。 Fune ni noritai desu.	我想搭船	我 想 乘 船 wǒ xiǎng chéng chuán
ふねはなんじにでますか。 Fune wa nanji ni demasu ka?	架船幾點開？	那 船 甚 麼 時 侯 開 出？ nà chuán shén me shí hòu kāi chū

日本語	廣東話	普通話
ふねはどのりばから fune wa dono noriba kara でますか。 demasu ka?	隻船喺邊個碼頭 開走？	那 船 在 哪 個 碼 頭 nà chuán zài nǎ ge mǎ tou 開 出？ kāi chū
なみがたかいですね。 Nami ga takai desu ne.	個海好大浪吖	海 浪 很 大 呀 hǎi làng hěn dà ya
ふなよいしました。 Funayoi shimashita.	我暈船浪	我 暈 船 wǒ yùn chuán
ふねはどこにとまりますか。 Fune wa doko ni tomarimasu ka?	隻船喺邊度停？	那 船 會 停 在 哪 裏 ？ nà chuán huì tíng zài nǎ li
とうきょう/ほんこんで、 Tookyoo honkon de ゆうらんせんにのれます。 yuuransen ni noremasu.	喺東京 / 香港，你 可以搭遊覽船	在 東 京/ 香 港，你 可 以 zài dōng jing xiāng gǎng nǐ kě yǐ 乘 遊 覽 船 chéng yóu lǎn chuán
よいたびを！ Yoi tabi o!	旅途愉快！	旅 途 愉 快！ lǚ tú yú kuài

電車に乗る 搭火車 / 乘火車　　　　　　🔊 CH06_06

JR JR	JR	JR
とっきゅう/しんかんせん Tokkyuu / shinkansen	特快 / 新幹線	特 快/ 新 幹 線 tè kuài xīn gàn xiàn
れっしゃのじこくひょう Ressha no jikoku hyoo	行車時間表	行 車 時 間 表 xíng chē shí jiān biǎo
しゅっぱつ/とうちゃく Shuppatsu toochaku	出發 / 抵達	出 發/ 抵 達 chū fā dǐ dá

日本語	廣東話	普通話
よやくがひつよう Yoyaku ga hitsuyoo	必須預訂	必 須 預 訂 bì xū yù dìng
わりびきカード/わりびきけん Waribiki kaado/ waribiki ken	優惠卡/優惠券	優 惠 卡/優 惠 券 yōu huì kǎ yōu huì quàn
よやくてすうりょう Yoyaku tesuuryoo	預訂費	預 訂 費 yù dìng fèi
しょくどうしゃ Shokudoo sha	餐車（火車上提供餐飲服務）	餐 車 （火車上餐飲服務） cān chē
はらいもどしのできるきっぷ Harai modoshi no dekiru kippu	可退款車票	可 退 款 車 票 kě tuì kuǎn chē piào
うんちん Unchin	車費	車 費 chē fèi

乘搭鐵路須知

きっぷを買う　購買車票

火車票可在鐵路站的自動售票機購得，車費會詳列在售票機上的車費表。6至12歲的小童可購買較便宜的兒童車票，而6歲以下的幼童更可免費乘搭所有公共交通工具。

エスカレーター　扶手電梯

在日本使用扶手電梯時，你應站在梯級的左方，而非香港和國際慣常的右方，須加倍注意。但令人奇怪的是，在大阪（Osaka）你卻要跟從國際慣例站到右方。相信這是1970年大阪舉行「日本万国博覧会」（Japan World Exposition）時引入的國際傳統，延續至今。

電車での電話は禁止　電車上忌用電話

無論在日本乘搭火車還是巴士，都不會聽到日本人對着電話高談闊論，較之於香港顯得格外寧靜。因為手提話話通話時的電波會影響心臟病人體內的人工起搏器，所以日本人從小就明白在公共交通公具上不能使用手提電話通話，而只會用來發電郵或短訊。坐近「優先席」（Priority　Seat，類似台灣捷運的「博愛座」）的乘客甚至需要關掉手提電話。

日本語	廣東話	普通話
かんこうあんないじょは Kankoo annaijo wa どこにありますか。 doko ni arimasu ka?	邊度有旅遊指南？	哪 裏 有 旅 遊 指 南？ nǎ li yǒu lǚ yóu zhǐ nán
…についてのしりょうを … ni tsuite no shiryoo o さがしていますが、いいガイド sagasiteimasu ga, ii gaido ブックをしょうかいして bukku o shookai shite くれませんか。 kuremasen ka?	我想搵關於...嘅資 料，可唔可以介紹 一本好嘅旅遊指 南書畀我？	我 想 找 有 關 ... 的 資 wǒ xiǎng zhǎo yǒu guān de zī 料 ， 可 不 可 以 給 我 liào kě bu kě yǐ gěi wǒ 介 紹 一 本 好 的 旅 遊 jiè shào yī běn hǎo de lǚ yóu 指 南 書？ zhǐ nán shū
ー とうきょう / おおさか / Tookyoo oosaka きょうと / ほんこん の kyooto honkon no めいしょ、きねんひなどが meisho, kinenhi nado ga あるばしょ aru bashō ー はくぶつかん / Hakubutsu kan こくりつこうえん kokuritsu kooen	ー 東京 / 大阪 / 京都 / 香港有 歷史文物、紀 念碑之類嘅 地方 ー 博物館、國立 公園	ー 東 京 / 大 阪 / 京 都 / dōng jing dà bǎn jīng dū 香 港 有 歷 史 文 xiāng gǎng yǒu lì shǐ wén 物 、 紀 念 碑 之 wù jì niàn bēi zhi 類 的 地 方 lèi de dì fāng ー 博 物 館 、 國 立 bó wù guǎn guó lì 公 園 gōng yuán
パンフレットなどがありますか。 Panfuretto nado ga arimasu ka?	你哋有無小冊子 或者單張？	你 們 有 沒 有 小 冊 子 nǐ men yǒu méi yǒu xiǎo cè zǐ 或 者 傳 單？ huò zhě chuán dān
まちぜんたいのちずがほしい Machi zentai no chizu ga hoshii です。 desu.	我想要幅全市 地圖	我 想 要 整 個 城 市 的 wǒ xiǎng yào zhěng gè chéng shi de 地 圖 dì tú

日本語	廣東話	普通話
いちばんゆうめいなかんこう Ichiban　yuumee　na kankoo めいしょはどこにありますか。 meesho　wa doko ni arimasu　ka?	邊度係最出名嘅 遊客區？	哪　裏　是　最　著　名 的 nǎ　li　shì　zuì　zhù　míng de 旅　遊　區？ lǚ　yóu　qū
わたしたちはここに…います。 Watashi tachi wa koko ni ... imasu. 　－ すうじかん 　　Suujikan 　－ みっかかん 　　Mikkakan 　－ いっしゅうかん　だけ 　　Isshuukan　　　dake	我 哋 會 喺 度 留… 　－ 幾 個 鐘 頭 　－ 三 日 　－ 一 個 星 期 咋	我　們　會　留　在 這　裏… wǒ　men　huì　liú　zài　zhè　lǐ 　－ 幾　個　小　時 　　　jǐ　ge　xiǎo　shí 　－ 三　天 　　　sān　tiān 　－ 一　個　星　期　而　已 　　　yī　ge　xíng　qī　ér　yǐ
りょこうがいしゃをさがして Ryokoogaisha　　　o sagashite います。 imasu.	我想搵間旅行社	我　要　找　一　家　旅　行　社 wǒ　yào　zhǎo yī　jiā　lǚ　xíng　shè
しないかんこうツアーが Shinai　kankoo　tsuaa ga ありますか。 arimasu ka?	你哋有無遊市區 嘅團？	你　們　有　沒　有　遊　市　區 nǐ　men　yǒu　méi　yǒu　yóu　shì　qū 的　旅　遊　團？ de　lǚ　yóu　tuán
＜とうきょういっしゅうかん＞の ＜Tookyoo　isshuukan＞　　no ようなツアーがありますか。 yoo na tsuaa ga arimasu　ka?	有無啲東京一星 期遊之類嘅旅行 團？	有　沒　有　東　京　一　星　期 yǒu　méi　yǒu　dōng jīng　yī　xíng qī 遊　這　類　的　旅　行　團？ yóu　zhè　lèi　de　lǚ　xíng　tuán
このツアーはいくらですか。 Kono tsuaa　wa ikura desu ka?	呢個團幾多錢？	這　個　團　的　團　費　多 zhè　ge　tuán　de　tuán　fèi　duō 少？ shǎo

日本語	廣東話	普通話
…のつうやくをやってくれる … no tsuuyaku o yatte kureru ガイドさんがいますか。 gaido san ga imasu ka ?	你哋有無講…嘅 導遊？	你 們 有 沒 有 説… nǐ men yǒu méi yǒu shuō 的 導 遊？ de dǎo yóu
─ フランスご Furansugo	─ 法文	─ 法 語 fǎ yǔ
─ えいご Eego	─ 英文	─ 英 語 yīng yǔ
─ かんとんご Kantongo	─ 廣東話	─ 廣 東 話 guǎng dōng huà
─ ちゅうごくご / ぺきんご Chuugokugo　pekingo	─ 普通話	─ 普 通 話 pǔ tōng huà
なんばんのバスにのったら nanban no basu ni nottara いいですか。 ii　desuka?	我哋應該搭幾多 號巴士？	我 們 應 該 坐 幾 號 wǒ men yīng gāi zuò jǐ hào 公 車？ gōng chē
そのひとはホテルにきてくれ Sono hito wa hoteru ni kitekure ますか。 masu ka?	佢係咪嚟酒店搵 我哋！	他 是 不 是 來 酒 店 tā shì bu shì lái jiǔ diàn 找 我 們？ zhǎo wǒ men
いいえ。わたしたちは Iie.　watashitachi wa ひこうきで…までいきます。 hikooki de … made ikimasu.	唔係，我哋搭飛 機去到…	不 是， 我 們 坐 bù shì　wǒ men zuò 飛 機 去… fēi jī qù
レンタカーをいちにちおねがい Rentakaa o ichinichi onegai したいです。 shitai desu.	我哋想租架車用 一日	我 們 想 租 一 輛 車 wǒ men xiǎng zū yī liàng chē 用 一 天 yòng yī tiān

日本語	廣東話	普通話
このちずでどこが…ですか。 Kono chizu de doko ga … desu ka ?	地圖上面邊度 係 …？	地 圖 上 面 哪 裏 是 ...? dì tú shàng miàn nǎ li shì
ー びじゅつかん Bijutsu kan	ー 美術館	ー 美 術 館 měi shù guǎn
ー ビーチ Biichi	ー 海灘	ー 海 灘 hǎi tān
ー しょくぶつこうえん Shokubutsu kooen	ー 植物公園	ー 植 物 公 園 zhí wù gōng yuán
ー ビジネスがい Bijinesu gai	ー 商業區	ー 商 業 區 shāng yè qū
ー きょうかい Kyookai	ー 教堂	ー 教 堂 jiào táng
ー ちゅうかがい Chuuka gai	ー 唐人街	ー 華 人 街 huá rén jiē
ー えいがかん / げきじょう Eega kan gekijoo	ー 戲院 / 劇院	ー 電 影 院 / 劇 院 diàn yǐng yuàn jù yuàn
ー まちのちゅうしんぶ Machi no chuushinbu	ー 市中心	ー 市 中 心 shì zhōng xīn
ー シティホール Shitii hooru	ー 大會堂	ー 大 會 堂 dà huì táng
ー コンサートホール Konsaato hooru	ー 音樂廳	ー 音 樂 廳 yīn yuè tīng
ー こっかいぎじどう Kokkai gijidoo	ー 國會議事堂	ー 國 會 議 事 堂 guó huì yì shì táng
ー ぶんかセンター Bunka sentaa	ー 文化中心	ー 文 化 中 心 wén huà zhōng xīn
ー ナイトクラブ/クラブ Naito kurabu kurabu	ー 夜總會 / 的士高	ー 夜 總 會 / 迪 斯 科 yè zǒng huì dí sī kē
ー ふねのりば / ふなつきば Fune noriba funatsukiba	ー 碼頭	ー 碼 頭 mǎ tou
ー フリーマーケット Furii maaketto	ー 跳蚤市場	ー 跳 蚤 市 場 tiào zǎo shì chǎng
ー こうえん Kooen	ー 公園	ー 公 園 gōng yuán
ー ゴルフじょう Gorufu joo	ー 哥爾夫球場	ー 高 爾 夫 球 場 gāo ěr fū qiú chǎng

日本語	廣東話	普通話
一 みなと Minato	一 海港	一 海港 hǎi gǎng
一 みずうみ Mizuumi	一 湖	一 湖 hú
一 こくりつとしょかん Kokuritsu toshokan	國立圖書館	一 國 立 圖 書 館 guó lì tú shū guǎn
一 いちば Ichiba	一 市場／街市	一 市 場 shì chǎng
一 きねんひ／きねんかん Kinenhi　kinenkan	一 紀念碑／紀 念館	一 紀 念 碑／紀 念 館 jì niàn bēi jì niàn guǎn
一 はくぶつかん Hakubutsu kan	一 博物館	一 博 物 館 bó wù guǎn
一 こくりつこうえん Kokuritsu kooen	一 國立公園	一 國 立 公 園 guó lì gong yuán
一 ふるいおしろ Furui　oshiro	一 古城	一 古 城 gǔ chéng
一 いせき Iseki	一 遺跡	一 遺 跡 yí jì
一 うみべ／かいがん Umibe　kaigan	一 海濱／海邊	一 海 濱 ／海 邊 hǎi bīn hǎi biān
カラオケ Karaoke	卡拉OK	一 卡 拉 OK kǎ lā
一 たいいくかん／ Taiikukan うんどうじょう undoojoo	一 體育館／ 運動場	一 體 育 館／運 動 場 tǐ yù guǎn yùn dòng chǎng
一 プール Puuru	一 泳池	一 游 泳 池 yóu yǒng chí
一 だいげきじょう Daigekijoo	一 大劇院	一 大 劇 院 dà jù yuàn
一 だいがく Daigaku	一 大學	一 大 學 dà xué
一 どうぶつえん Doobutsuen	一 動物園	一 動 物 園 dòng wù yuán

日本語	廣東話	普通話
…あいていますか。 Aite imasu ka ?	… 開唔開門？	會 在 … 開 放 嗎？ huì zài kāi fàng ma
ー どようび Doyoobi	ー 星期六	ー 星 期 六 xīng qī liù
ー にちようび Nichiyoobi	ー 星期日	ー 星 期 天 xīng qī tiān
ー すいようび Suiyoobi	ー 星期三	ー 星 期 三 xīng qī sān
なんじからあいていますか。 Nanji kara aite imasu ka?	幾點開門？	幾 點 開 門？ jǐ diǎn kāi mén
へいかんはなんじですか。 Heekan wa nanji desu ka?	幾點閂門？	幾 點 關 門？ jǐ diǎn guān mén
にゅうじょうりょうはいくら Nyuujooryoo wa ikura ですか。 desu ka?	入場費幾多錢？	入 場 費 多 少？ rù chǎng fèi duō shǎo
こども / がくせい わりびきが Kodomo gakusee waribiki ga ありますか。 arimasu ka ?	細路仔 / 學生有無 優惠？	兒 童 / 學 生 有 沒 有 ér tóng xué sheng yǒu méi yǒu 優 惠？ yōu huì
フランスご / えいご / Furansugo Eego ちゅうごくご のパンフレットが chuugokugo no panfuretto ga ありますか。 arimasu ka?	有無法文 / 英文 / 中文嘅單張？	有 沒 有 法 語 / 英 語 / yǒu méi yǒu fǎ yǔ yīng yǔ 中 文 的 傳 單？ zhōng wén de chuán dān
パンフレットをいちまい Panfuretto o ichimai もらっていいですか。 moratte ii desu ka ?	可唔可以畀份 單張我？	可 不 可 以 給 我 一 kě bu kě yǐ gěi wǒ yī 張 傳 單？ zhāng chuán dān

日本語	廣東話	普通話
いきかたをおしえて Ikikata　o oshiete もらえますか。 moraemasu ka?	可唔可以話我聽 點去？	可 不 可 以 告 訴 我 kě bu kě yǐ gào su wǒ 怎 樣 去？ zěn yàng qù
えはがきはうつていますか。 Ehagaki　wa utteimasu　ka?	有無明信片賣？	有 沒 有 明 信 片 出 yǒu méi yǒu míng xìn piàn chū 售？ shòu
ここでしゃしんをとつてもいい Koko de shashin　o tottemo ii ですか。 desu ka?	我可唔可以喺呢 度影相？	我 可 以 在 這 裏 拍 wǒ kě yǐ zài zhè li pāi 照 嗎？ zhào ma
これはなんというビルですか。 Kore wa nan toiu　biru desu ka?	呢棟大廈叫咩名？	這 幢 大 廈 的 名 字 zhè zhuàng dà shà de míng zi 是 甚 麼？ shì shén me
だれが… Dare ga …	邊個…	是 誰 … shì shuí
─ このビルをデザイン 　Kono biru o dezain 　しましたか。 　shimashita ka?	─ 設計呢棟大 　廈？	─ 設 計 這 幢 大 廈 的？ 　shè jì zhè zhuàng dà shà de
─ このさくひんを 　Kono sakuhin o 　つくりましたか。 　tsukurimashita ka?	─ 設計呢件藝 　術品？	─ 設 計 這 藝 術 品 的？ 　shè jì zhè yì shù pin de
─ このえをかきましたか。 　Kono e o　kakimashita ka?	─ 畫呢幅畫？	─ 畫 這 幅 畫 的？ 　huà zhè fú huà de
─ このちょうこくを 　Kono chookoku o 　つくりましたか。 　tsukurimashita ka?	─ 雕呢件雕像？	─ 雕 這 件 雕 像 的？ 　diāo zhè jiàn diāo xiàng de

日本語	廣東話	普通話
このほんはだれがかきましたか。 Kono hon　wa dare ga kakimashita ka?	邊個寫呢本書？	這本書的作者是誰？ zhè běn shū de zuò zhě shì shuí
これはどのじだいのものですか。 Kore wa dono jidai no mono desu ka?	呢件嘢係乜嘢年代？	這件東西是甚麼 zhè jiàn dōng xi shì shén me 年代製造的？ nián dài zhì zào de
このきねんひはいつたてられましたか。 Kono kinenhi　wa itsu taterare mashita ka?	呢個紀念碑幾時刻？	這個紀念碑在甚 zhè ge jì niàn bēi zài shén 麼時候刻的？ me shí hou kè de
これはいつしゅつどしましたか。 Kore wa itsu　shutsudo shimashita ka?	呢件嘢幾時出土？	這件東西何時出土？ zhè jiàn dōng xi hé shí chū tǔ
みしまゆきおがすんでいたいえはどこにありますか。 Mishima Yukio ga sundeita　ie wa doko ni arimasu ka?	三島由紀夫以前住過間屋喺邊？	三島由紀夫從前居 sān dǎo yóu jì fū cóng qián jū 住過的房子在哪（兒）？ zhù guò de fáng zi zài　nǎr
わたしは…にきょうみがあります。 Watashi wa … ni kyoomi ga arimasu.	我對...有興趣	我對...有興趣 wǒ duì　　yǒu xìng qù
ー こっとうひん Kottoo　hin	ー 古董	ー 古董 gǔ dǒng
ー こうこがく Kookogaku	ー 考古學	ー 考古學 kǎo gǔ xué
ー げいじゅつ Geejutsu	ー 藝術	ー 藝術 yì shù
ー しょくぶつ Shokubutsu	ー 植物	ー 植物 zhí wù
ー とうき Tooki	ー 陶瓷	ー 陶瓷 táo cí

日本語	廣東話	普通話
一 きんか / かへい Kinka　kahee	一 錢幣	一 錢 幣 　qián bì
一 みんげいひん Mingee　hin	一 傳統工藝	一 傳 統 工 藝 　chuán tǒng gōng yì
りょうり Ryoori	一 烹飪	一 烹 飪 　pēng rèn
一 かぐ Kagu	一 傢俬	一 家 具 　jiā jù
一 ちしつ Chishitsu	一 地質	一 地 質 　dì zhì
一 おんがく ongaku	一 音樂	一 音 樂 　yīn yuè
一 れきし rekishi	一 歷史	一 歷 史 　lì shǐ
一 かいが Kaiga	一 畫畫	一 畫 畫 　huà huà
一 ちょうこく Chookoku	一 雕塑	一 雕 塑 　diāo sù
一 どうぶつ Doobutsu	一 動物	一 動 物 　dòng wù

教会 教堂與祈禱聖地　🔊 CH07_02

すみませんが、このちかくに Sumimasen ga, kono chikaku ni	唔該，請問我可以 喺附近邊度搵到	不 好 意 思　　請 問 bù hǎo yì si　qǐng wèn
きょうかい / モスク / kyookai　mosuku	教堂 / 清真寺 / 猶	我 可 以 在 附 近 哪 wǒ kě yǐ zài fù jìn nǎ
ユダヤきょうのきょうかいや yudaya kyoo no kyookai ya	太教堂或者廟宇？	裏 找 到 教 堂 / 清 真 寺 / li zhǎo dào jiào táng qīng zhēn sì
おてらがありますか。 otera ga arimasu ka?		猶 太 教 堂 或 寺 廟？ yóu tài jiào táng huò sì miào
ここからどのくらい Koko kara donokurai	由呢度去要幾耐？	從 這 裏 去 要 多 久？ cóng zhè li qù yàn duō jiǔ
かかりますか。 kakarimasu ka?		

日本語	廣東話	普通話
ミサはどのくらいかかりますか。 Misa wa donokurai kakarimasu ka?	彌撒大約幾耐？	彌 撒 大 約 多 久？ mí sa dà yuē duō jiǔ
つれていってもらえますか。 Tsurete itte moraemasu ka?	你可唔可以帶我去？	你 可 不 可 以 帶 我 去？ nǐ kě bu kě yǐ dài wǒ qù
このきょうかいはほんとうに Kono kyookai wa hontoo ni りっぱですね。 rippa desu ne.	呢間教堂真係宏偉	這 所 教 堂 真 是 zhè suǒ jiào táng zhēn shì 宏 偉 hóng wěi

映画館／劇場　戲院或劇院／電影院或劇院　　　CH07_03

日本語	廣東話	普通話
なにかおもしろいえいがを Nanika omoshiroi eega o やっていますか。 yatte imasu ka?	有咩好睇嘅戲做緊呀？	有 沒 有 有 趣 的 電 影 yǒu méi yǒu yǒu qù de diàn yǐng 上 演？ shàng yǎn
なにかおもしろいしばいを Nanika omoshiroi shibai o やっていますか。 yatte imasu ka?	有咩好睇嘅話劇做緊呀？	有 沒 有 有 趣 的 話 yǒu méi yǒu yǒu qù de huà 劇 上 演？ jù shàng yǎn
このえいがのしゅえんはだれ Kono eega no shuen wa dare ですか。 desu ka?	呢套戲邊個做架？	這 部 電 影 是 誰 主 演 zhè bù diàn yǐng shì shuí zhǔ yǎn 的？ de
…をしょうかいしてくれますか。 … o shookaishite kuremasu ka?	可唔可以介紹…畀我？	可 不 可 以 介 紹 … kě bu kě yǐ jiè shào 給 我？ gěi wǒ
―いいえいが 　li eega	――齣好戲	― ― 部 好 電 影 　yī bù hǎo diàn yǐng
―いいしばい 　li shibai	――套好嘅話劇	― ― 部 好 的 話 劇 　yī bù hǎo de huà jù

日本語	廣東話	普通話
―いいオペラ Ii opera	――套好嘅音樂劇	――場好的音樂劇 yī cháng hǎo de yīn yuè jù
―おもしろいすいりえいが Omoshiroi suiri eega	――套好睇嘅偵探電影	――部有趣的偵探電影 yī bù yǒu qù de zhēn tàn diàn yǐng
ピアノのえんそうかいをみたいです。 Piano no ensookai o mitai desu.	我想睇一場鋼琴演奏會	我想看一場鋼琴演奏會 wǒ xiǎng kàn yī cháng gāng qín yǎn zòu huì
なんじにはじまりますか。 Nanji ni hajimari masu ka?	幾點鐘開場？	甚麼時候開場？ shén me shí hòu kāi chǎng
なんじにおわりますか。 Nanji ni owarimasu ka?	幾點鐘完場？	甚麼時候結束？ shén me shí hòu jié shù
こんばんくうせきがありますか。 Konban kuuseki ga arimasu ka?	今晚仲有無位？	今天晚上還有沒有位？ jīn tiān wǎn shang hái yǒu méi yǒu wèi
にちようびのきっぷをにまいよやくしたいのですが。 Nichiyoobi no kippu o nimai yoyaku shitaino desu ga.	我想訂兩張星期日嘅飛	我想預訂兩張星期天的票 wǒ xiǎng yù dìng liǎng zhāng xīng qī tiān de piào

CH07_04

クラブ、バー	的士高、酒吧 / 迪斯科、酒吧	
どこにいいクラブがありますか。 Doko ni ii Kurabu ga arimasu ka?	你知唔知邊度有好嘅的士高？	你知不知道哪裏有好的迪斯科？ nǐ zhī bu zhī dào nǎ li yǒu hǎo de dí sī kē

日本語	廣東話	普通話
どんなおんがくがすきですか。 Donna ongaku ga suki desu ka ?	你鍾意乜嘢類型嘅音樂？	你　喜　歡　甚　麼　類　型 nǐ　xǐ　huan　shén　me　lèi　xíng 的　音　樂？ de　yīn　yuè
わたしは…がすきです。 Watashi wa … ga suki desu.	我鍾意…	我　喜　歡　… wǒ　xǐ　huan
ー ラップ Rappu	ー 講唱音樂（rap）	ー 講　唱　音　樂（rap） jiǎng chàng yīn yuè
ー エレクトロ Erekutoro	ー 電子音樂	ー 電　子　音　樂 diàn zǐ yīn yuè
ー R&B	ー R&B	ー R&B
ー ジャズ Jazu	ー 爵士樂	ー 爵　士　音　樂 jué shì yīn yuè
なんでもすきです。 Nandemo suki desu.	我乜嘢類型嘅音樂都鍾意	我　喜　歡　任　何　類　型 wǒ　xǐ　huan　rèn　hé　lèi　xíng 的　音　樂 de　yīn　yuè
…というクラブはすごい … toiu Kurabu wa sugoi ところです。ぜったいすきに tokoro desu. Zettai suki ni なりますよ。 narimasu yo.	我知道有間好正嘅的士高喺…(地點)叫…我肯定你會鍾意	我　知　道　有　一　間　很 wǒ　zhī　dào　yǒu　yì　jiān　hěn 棒　的　迪　斯　科　在 …(地點) bàng　de　dí　sī　kē　zài 叫　作　…　我　肯　定　你 jiào　zuò　　　wǒ　kěn　dìng　nǐ 會　喜　歡 huì　xǐ　huan
にゅうじょうりょうはいくら Nyuujooryoo wa ikura ですか。 desu ka?	入場費要幾多錢？	入　場　費　要　多　少　錢？ rù　chǎng　fèi　yào　duō　shǎo　qián

日本語	廣東話	普通話
にせんえんで、ワンドリンクが Nisenen de, wandorinku ga ついています。 tsuite imasu.	2000円 包一杯 飲品	兩 千 日 円 包 括 liǎng qiān rì yuán bào kuò 一 杯 飲 料 yì bēi yǐn liào
ふさわしいふくそうをして Fusawashii fukusoo o shite ください。 kudasai.	請著適當嘅衫	請 穿 合 適 的 衣 服 qǐng chuān hé shì de yī fu
イブニングドレスをきて Ibuningu doresu o kite ください。 kudasai.	請著晚裝	請 穿 晚 裝 qǐng chuān wǎn zhuāng

カジノ 賭場

CH07_05

日本語	廣東話	普通話
ほんこん/とうきょう にカジノ Honkon Tookyoo ni kajino がありますか。 ga arimasu ka?	香港/東京有無賭 場？	香 港 / 東 京 有 沒 有 xiāng gǎng dōng jīng yǒu méi yǒu 賭 場 ？ dǔ chǎng
めんぜいてんはどこですか。 Menzeeten wa doko desu ka?	邊度有免稅店？	哪 (兒) 可 以 找 到 免 nǎr kě yǐ zhǎo dào miǎn 稅 店 ？ shuì diàn
カジノにいくとき、どんなふく Kajino ni ikutoki , donna fuku をきていったらいいですか。 o kiteittara ii desu ka?	去賭場要著乜嘢 衫？	去 賭 場 要 穿 甚 麼 qù dǔ chǎng yào chuān shén me 衣 服 ？ yī fu
ルーレットはどこですか。 Ruuretto wa doko desu ka?	俄羅斯輪盤喺邊？	俄 羅 斯 輪 盤 在 é luó sī lún pán zài 哪 (兒) ？ nǎr

日本語	廣東話	普通話
かったぶんをげんきんに Katta　bun o genkin　ni かえたいです。 kaetai　　desu.	我 想 將 贏 咗 嘅 籌 碼 兌 現	我　想　把　贏　得　的　籌 wǒ xiǎng bǎ yíng dé de chóu 碼　兌　現 mǎ duì xiàn

旅遊活動

神社と寺　神社與寺院

「神社」（jinja）和寺院（寺，tera）亦是遊客愛訪的地方。神社是日本「神道」（shinto）的祭祀場所，而寺院則屬「佛教」（仏教，bukkyoo）。由於宗教背景各異，在神社和寺院參拜時的禮儀也略有不同。神社以「二礼、二拍手、一礼」的方式祈福，「礼」在中文是鞠躬的意思。然而，在佛寺中，則最好禁聲和以合十敬禮。雖然有時連日本人也弄不清在不同宗教場所的禮儀，但身為遊客，還是依照傳統為佳。

花見　賞花

櫻花（桜，sakura）是日本人最愛的花卉，亦深受外國遊客鍾愛。櫻花會在冬春之際開花，是一年之始的象徵。櫻花盛放期極短，只有一個星期，日本人都會把握機會到櫻林賞花，稱為「花見」（hanami）。因氣候關係，日本北部的櫻花會最早綻放，然後到南部地區，所以要欣賞最長的花期，就要沿着九州（Kyushu）、關西（Kansai）、關東（Kanto）、東北（Tohoku）、北海道（Hokkaido）旅行了。

秋葉原　秋葉原

秋葉原（Akihabara）一向以其平價優質的電子製品名揚海外，現時更向多元發展，成為「御宅」（otaku）青年的朝聖地。無論是動漫周邊，抑或是明星唱片，一律應有盡有，令人眼花繚亂。秋葉原亦長期有優秀的「角色扮演者」（Costume Players，亦稱Cos-players）駐紮，遊客不妨與他們合照，然後到聞名的「女僕咖啡店」喝一杯下午茶。

日本で今人気の歌手（日本流行歌手）　 CH07_06

- Lil'B
- Hilcrhyme
- 加藤ミリヤ（Miliyah Kato）
- ステレオポニー（Stereopony）
- 清水翔太（Shota Shimizu）
- Flumpool
- Capsule
- Perfume
- 黒木メイサ（Meisa Kuroki）
- いきものがかり（Ikimonogakari）
- 西野カナ（Kana Nishino）
- 東京事変（Tokyo Jihen）
- 木村カエラ（Kaela Kimura）
- school food punishment

最佳手信——日本特色小吃

- 櫻花綠茶朱古力
- 香蕉朱古力烤餅
- 日本菓子
- 秋葉動漫萌系（Akiba Moe）棉花糖
- 秋葉原（Akihabara）罐頭麵包
- 菲力貓口香糖
- 牛腩雪糕
- 提子味菓子（Mochi）
- 森永櫻小枝朱古力（Morinaga Sakura Koeda Chocolate）

日本語	廣東話	普通話
こんにちは、はじめまして。 Konnichiwa. Hajimemashite.	Hi，你好嘛？	欸 ， 你 好 嗎 ？ êi nǐ hǎo ma
わたしは…です。 Watashi wa ... desu.	我叫做…	我 叫… wǒ jiào
おなまえは? Onamae wa?	你叫咩名呀？	你 叫 甚 麼 ？ nǐ jiào shén me
ひとり? Hitori?	你一個人呀？	你 一 個 人 ？ nǐ yì ge rén
すわってもいい? Suwattemo ii?	我可唔可以坐低？	我 可 以 坐 嗎 ？ wǒ kě yǐ zuò ma
ちょっとはなしてもいい? Chotto hanashite mo ii?	我哋可唔可以傾陣？	我 可 以 和 你 聊 一 聊 wǒ kě yǐ hé nǐ liáo yì liáo 嗎 ？ ma
わるいけど、いまともだちと Waruikedo, ima tomodachi to いっしょだから… issho dakara ...	唔得呀，我而家同朋友一齊	不 行 ， 我 現 在 和 朋 bù xíng wǒ xiàn zài hé péng 友 一 起 you yì qǐ
つま/おっと といっしょだから… Tsuma/otto to issho dakara ...	我同老婆／老公一齊	我 和 妻 子／丈 夫 一 起 wǒ hé qī zi zhàng fu yì qǐ
かれ/かのじょといっしょ Kare kanojo to issho だから… dakara ...	我同男朋友／女朋友一齊	我 和 男 朋 友／女 朋 友 wǒ hé nán péng you nǚ péng you 一 起 yì qǐ

日本語	廣東話	普通話
おこさんがいるの? Okosan ga iru no?	你有無仔女呀?	你 有 孩 子 嗎? nǐ yǒu hái zi ma
もうけっこんしている? Moo kekkon shiteiru?	你結咗婚未呀?	你 結 婚 了 嗎? nǐ jié hūn le ma
なにをしにきたの?/ここで Nani o shi ni kita no? kokode なにをしているの? nani o shiteiru no?	你嚟呢度做乜 嘢?/你喺度做緊 乜嘢?	你 到 這 裏 做 甚 麼?/ nǐ dào zhè lǐ zuò shén me 你 在 這 裏 做 甚 麼? nǐ zài zhè lǐ zuò shén me
ほかのところへいこうか? Hoka no tokoro e ikoo ka?	我哋去第二度好 唔好?	我 們 去 別 的 地 方 wǒ men qù bié de dì fang 好 嗎? hǎo ma
うちでのもうか? Uchi de nomoo ka?	你想唔想嚟我度 飲嘢?	你 想 去 我 家 喝 一 杯 nǐ xiǎng qù wǒ jiā hē yī bēi 嗎? ma
けいたいのばんごう/ Keetai no bangoo メールアドレスをおしえて meeru adoresu o oshiete くれない? kurenai?	可唔可以畀你個 電話號碼/電郵 我?	可 以 給 我 你 的 手 機 kě yǐ gěi wǒ nǐ de shǒu jī 號 碼/電 郵 嗎? hào mǎ/diàn yóu ma
またあおうよ。 Mata aoo yo.	我哋再見啦	我 們 再 見 吧 wǒ men zài jiàn ba
あしたのよるどこかへ Ashita no yoru dokoka e いかない? ikanai?	你想唔想聽晚出 街?	你 明 天 晚 上 想 出 去 nǐ míng tiān wǎn shang xiǎng chū qù 玩(兒) 嗎? wánr ma

日本語	廣東話	普通話
いいかもね。 Ii kamo ne.	好似幾好	好 像 挺 好 的 hǎo xiàng tǐng hǎo de
うん、いいね。 Un, ii ne.	好呀	好 啊 hǎo a
ううん…ちょっと Uun … chotto	唔好啦，我唔想！	不 ， 我 不 想！ bù wǒ bù xiǎng
でんわするね。 Denwa suru ne.	我哋再電話聯絡啦！	我 們 再 電 話 聯 繫 吧！ wǒ men zài diàn huà lián xì ba
メッセージをくれる？ Messeeji o kureru?	你會唔會 send sms 畀我？	你 會 給 我 發 短 信 嗎？ nǐ huì gěi wǒ fā duǎn xìn ma
たばこある？ Tabako aru?	你有無煙？	你 有 煙 嗎？ nǐ yǒu yān ma
マッチかライターあろ？ Macchi ka raitaa aru?	你有無火柴或者火機？	你 有 火 柴 或 者 打 火 機 嗎？ nǐ yǒu huǒ chái huò zhě dǎ huǒ jī ma
たばこすう？ Tabako suu?	你食唔食煙？	你 抽 煙 嗎？ nǐ chōu yān ma
なにかのもうか？ Nanika nomoo ka?	你想唔想飲啲嘢？	你 想 喝 點 (兒) 甚 麼 嗎？ nǐ xiǎng hē diǎnr shén me ma
とてもたのしかった。 Totemo tanoshikatta.	我今日好開心	我 今 天 很 開 心 wǒ jīn tiān hěn kāi xīn

日本語	廣東話	普通話
ほんとうにきれいだね。 Hontooni kiree dane.	你真係好靚!	你 真 的 很 漂 亮! nǐ zhēn de hěn piào liang
とてもみりょくてきだね。 Totemo miryokuteki dane.	你好有魅力!	你 很 有 魅 力! nǐ hěn yǒu mèi lì
かっこいいね。 Kakko ii ne.	你好型!	你 好 帥! nǐ hǎo shuài
かわいいね。 Kawaii ne.	你好可愛!	你 好 可 愛! nǐ hǎo kě ài
ひとめぼれしてしまったよ。 Hitomebore shiteshimatta yo.	我對你一見鍾 情喇	我 對 你 一 見 鍾 情 了 wǒ duì nǐ yī jiàn zhōng qíng le
あっちいって! Acchi itte!	走開啦	給 我 滾 gěi wǒ gǔn
すきだよ。(M) / すき。(F) Suki dayo Suki	我鍾意你	我 喜 歡 你 wǒ xǐ huan nǐ
キスしたいよ! Kisu shitai yo!	我想錫你!	我 想 吻 你! wǒ xiǎng wěn nǐ
キスして! Kisu shite!	錫我啦!	吻 我 吧! wěn wǒ ba
あいたかった! Aitakatta!	好想見你!	好 想 見 到 你! hǎo xiǎng jiàn dào nǐ
わたし(F)/ぼく(M)にそんなに Watashi (F) boku (M) ni sonna ni あいたかった? aitakatta?	你真係咁想見到 我?	你 真 的 這 麼 想 見 我? nǐ zhēn de zhè me xiǎng jiàn wǒ

日本語	廣東話	普通話
いちにちじゅうきみのこと Ichi nichi juu　kimi no koto ばかりかんがえているん bakari　kangaeteirun だよ。 da yo!	我成日都諗住你!	我 整 天 都 想 着 你! wǒ zhěng tiān dōu xiǎng zhe nǐ
よるきみのゆめばかり Yoru kimi no yume bakari みているんだよ。 miteirun　dayo!	我每晚都夢見 你!	我 每 一 晚 都 夢 見 wǒ měi yī wǎn dōu mèng jian 你! nǐ

職場の用語（日本職場用語） CH08 02

オーエル（Ooeru）：辦公室女郎

サラリーマン（Sarariiman）：受薪人士

むり（Muri）：無理、不公平、過量工作

げんば（Gemba）：現場，指建築工場、案發現場、店面等

かいぜん（Kaizen）：改善

ほうれんそう（Hoorensoo）：與日文「菠薐草（菠菜）」發音相同，也是ほうこく
　　（報告：Hookoku）、れんらく（連絡：Renraku）、そうだん（商談：Soodan）的
　　字源。

お辞儀（ojigi）：敬禮

コンビニ（Konbini）：便利店

お客様は神様です（okyaku-sama wa kami-sama desu）：客人永遠是對的

日本語	廣東話	普通話
ちかくにゴルフじょうが Chikaku ni gorufujoo ga ありますか。 arimasuka?	附近有無哥爾夫球場？	附 近 有 沒 有 高 爾 fù jìn yǒu méi yǒu gāo ěr 夫 球 場？ fū qiú chǎng
ゴルフのクラブをかりてもいい Gorufu no kurabu o karitemo ii ですか。 desu ka?	可唔可以借哥爾夫球桿？	可 不 可 以 借 高 爾 kě bu kě yǐ jiè gāo ěr 夫 球 桿？ fū qiú gān
ちかくにテニスコートが Chikaku ni tenisu kooto ga ありますか。 arimasu ka?	附近有無網球場？	附 近 有 沒 有 網 球 fù jìn yǒu méi yǒu wǎng qiú 場？ chǎng
ラケットをいちにちかりたい Raketto o ichinichi karitai です。 desu.	我想借一塊網球拍一日	我 想 借 一 副 網 球 wǒ xiǎng jie yī fù wǎng qiú 拍 一 天 pāi yī tiān
いちじかんいくらですか。 Ichijikan ikura desu ka?	一個鐘幾多錢？	個 小 時 多 少 錢？ yī qe xiǎo shí duō shǎo qián
このちかくにジムがあるかどうか Kono chikaku ni jimu ga aru ka dooka しっていますか。 shitte imasu ka?	你知唔知附近有無健身室？	你 知 不 知 道 附 近 nǐ zhī bu zhī dào fù jìn 有 沒 有 健 身 室？ yǒu méi yǒu jiàn shēn shì
どこでジョギングしたらいい Doko de jogingu shitara ii ですか。 desu ka?	我可以喺邊跑步？	我 可 以 在 哪 裏 跑 wǒ kě yǐ zài nǎ lǐ pǎo 步？ bù

日本語	廣東話	普通話
このじかんはあぶないですか。 Kono jikan wa abunai desu ka?	呢個時間有無危險？	這 個 時 間 有 沒 有 zhè ge shí jiān yǒu méi yǒu 危 險？ wēi xiǎn
ボクシングのしあいをみたい Bokushingu no shiai o mitai です。/ すもうをみたいです。 desu. Sumoo o mitai desu.	我想睇一場拳賽 / 相撲	我 想 看 一 場 拳 擊/ wǒ xiǎng kàn yī chǎng quán jī 相 撲 比 賽 xiāng pū bǐ sài
やきゅう/サッカーのしあいを Yakyuu sakkaa no shiai o みたいです。やきゅう/サッカー mitai desu. Yakyuu sakkaa はにほんではとてもにんきの wa nihon dewa totemo ninki no あるスポーツだとさいています。 aru supootsu da to kiiteimasu.	我想睇一場棒球賽 / 足球賽，因為人哋話棒球 / 足球喺日本係好受歡迎嘅運動	我 想 看 一 場 棒 球 賽/ wǒ xiǎng kàn yī chǎng bàng qiú sài 足 球 賽， 因 為 別 人 zú qiú sài yīn wèi bié rén 説 棒 球/足 球 在 日 本 shuō bàng qiú zú qiú zài rì běn 是 很 受 歡 迎 的 運 動 shì hěn shòu huān yíng de yùn dòng
どこでチケットがかえますか。 Doko de chiketto ga kaemasu ka?	我可以喺邊度買飛？	我 可 以 在 哪（兒） 買 wǒ kě yǐ zài nǎr mǎi 票？ piào
このちかくに　ビリヤード/ Kono chikaku ni biriyaado ボーリング　のできるところが booringu no dekiru tokoro ga ありますか。 arimasu ka?	附近有無桌球 / 保齡球打？	附 近 有 沒 有 玩 桌 fù jìn yǒu méi yǒu wán zhuō 球/保 齡 球 的 地 方？ qiú bǎo líng qiú de dì fang

日本人喜愛的運動

プロリーグ　職業聯賽

日本人熱愛棒球和足球運動。職業棒球聯賽於每年的3月至9月舉行，共有144場比賽，換言之，於聯賽其間幾乎天天都有比賽進行。職業足球聯賽的比賽場次雖然較少，但全國各地均有賽隊，到日本旅行的時候不容錯過。

日本語	廣東話	普通話
これからじゅぎょうが Korekara jugyoo ga あります。 arimasu.	我一陣有堂上	我 待 會 (兒) 要 上 課 wǒ dāi huìr yào shàng kè
じゅぎょうはなんじからです Jugyoo wa nanji kara desu か。 ka?	你幾點鐘上堂？	你 甚 麼 時 候 上 課？ nǐ shén me shí hou shàng kè
じゅぎょうはなんじまでです Jugyoo wa nanji made desu か。 ka?	你幾點鐘落堂？	你 甚 麼 時 候 下 課？ nǐ shén me shí hou xià kè
きょうはなんのじゅぎょう Kyoo wa nan no jugyoo ですか。 desuka?	你今日有乜堂上？	你 今 天 有 甚 麼 課？ nǐ jīn tiān yǒu shén me ke
あしたじゅぎょうがありません。 Ashita jugyoo ga arimasen.	聽日我無堂上	明 大 我 沒 有 課 míng tiān wǒ méi yǒu kè
…のじゅぎょうがあります。 ... no jugyoo ga arimasu.	我有…堂	我 有 … 課 wǒ yǒu kè
― フランスご furansu go	法文	― 法 語 fǎ yǔ
― ちゅうごくご chuugoku go	― 中文	― 中 文 zhōng wén
― ほんやくとつうやく hon-yaku to tsuuyaku	― 翻譯及傳譯	― 翻 譯 及 傳 譯 fān yì jí chuán yì
― にほんご nihongo	― 日文	― 日 語 rì yǔ
― ビジネス bijinesu	― 商學	― 商 學 shāng xué

日本語	廣東話	普通話
ー かんりがく kanrigaku	ー 管理學	ー 管 理 學 guǎn lǐ xué
ー こうきょうおよびしゃかい kookyoo oyobi shakai ぎょうせいがく gyoosee gaku	ー 公共及社會 行政學	ー 公 共 及 社 會 行 gōng gòng jí shè huì xíng 政 學 zhèng xué
ー じょうほうかがくぎじゅつ joohoo kagaku gijutsu	ー 資訊與科技	ー 資 訊 與 科 技 zī xùn yǔ kē jì
ー コンピューター Konpyuutaa	ー 電腦	ー 電 腦 diàn nǎo
ー けいざいおよびきんゆう keezai oyobi kin-yuu	ー 經濟與金融	ー 經 濟 與 金 融 jīng jì yǔ jīn róng
ー いでんしこうがく idenshi koogaku	ー 基因工程	ー 基 因 工 程 jī yīn gōng chéng
ー マーケティング Maaketingu	ー 市場學	ー 市 場 學 shì chǎng xué
ー すうがく Suugaku	ー 數學	ー 數 學 shù xué
ー ざいりょうぶつりかがく Zairyoo butsuri kagaku	ー 物料及材料 科學	ー 物 料 及 材 料 科 wù liào jí cái liào kē 學 xué
きょうしつはどこですか。 Kyooshitsu wa doko desu ka?	課室喺邊度？	課 室 在 哪 裏？ kè shì zài nǎ li

図書館 圖書館　　　　　　　　　　CH10_02

としょかんへいきましょう。 Toshokan e ikimashoo.	我哋去圖書館啦！	我 們 去 圖 書 館 吧！ wǒ men qù tú shù guǎn ba
ほんをかりたいです。 Hon o karitai desu.	我想借書	我 想 借 書 wǒ xiǎng jiè shū
いつまでにへんきゃく Itsumade ni henkyaku しなければなりませんか。 shinakereba narimasen ka?	我要幾時還？	我 要 甚 麼 時 候 還 wǒ yào shén me shí hou huán 書？ shū

日本語	廣東話	普通話
にほんごのほんをさがしてい nihongo no hon o sagashite ます。 imasu.	我搵緊日文書	我 在 找 日 文 書 wǒ zài zhǎo rì wén shū
ここでよんでもいいです。 Kokode yondemo ii desu.	你可以喺呢度睇	你 可 以 在 這（兒）看 nǐ kě yǐ zài zhèr kàn

試験 測驗　　　　　　　　　　　　　　　　　CH10_03

日本語	廣東話	普通話
しゅくだいとしけん shukudai to shiken	功課同埋考試	功 課 和 考 試 gōng kè hé kǎo shì
しゅくだいはらいしゅう Shukudai wa raishuu だします。 dashimasu.	下星期交功課	下 個 星 期 交 功 課 xià ge xīng qī jiāo gōng kè
もんだいえんしゅう mondai enshuu	堂課	堂 課 táng kè
しゅくだい Shukudai	功課	功 課 gōng kè
しけんびはまだきまって Shikenbi wa mada kimatte いません。 imasen.	考試日期仲未定	考 試 日 期 還 沒 有 kǎo shì rì qī hái méi yǒu 決 定 jué dìng
しけんはらいしゅうのどようび Shiken wa raishuu no doyoobi にきまりました。 ni kimarimashita.	考試定咗喺下 星期六	考 試 已 定 在 下 kǎo shì yǐ dìng zài xià 星 期 六 舉 行 xīng qī liù jǔ xíng

日本語	廣東話	普通話
ろくばんのだいこうどう Rokuban no daikoodoo	六號演講廳	六 號 演 講 廳 liù hào yǎn jiǎng tīng
いっしょにべんきょうしましょう。 Issho ni benkyoo shimashoo!	我哋一齊溫書啦!	我 們 一 起 複 習 吧! wǒ men yì qǐ fù xí ba

食堂で　喺飯堂食飯 / 在飯堂吃飯　　　CH10_04

日本語	廣東話	普通話
どこへひるごはんをたべに Doko e hirugohan o tabeni いきますか。しょくどうは ikimasu ka? Shokudoo wa どうですか。 doodesu ka?	去邊度食晏?飯堂 好唔好?	到 哪 (兒) 吃 午 飯? dào nǎr chī wǔ fàn 到 飯 堂 好 不 好? dào fàn táng hǎo bù hǎo
なにをたべたいですか。 Nani o tabetai desu ka?	你想食乜嘢?	你 想 吃 甚 麼? nǐ xiǎng chī shén me
おまかせします。なんでも Omakase shimasu. Nandemo いいですよ。 ii desu yo.	你話啦,我無所謂	隨 你 吧 , 我 無 所 謂 suí nǐ ba wǒ wú suǒ wèi
うちでりょうりをつくり Uchi de ryoori o tsukuri ましょうか。 mashoo ka?	我哋喺我屋企煮 飯啦!	我 們 在 我 家 做 飯 吧! wǒ men zài wǒ jiā zuò fàn ba
ちゅうもんしてからおかねを Chuumon shite kara, okane o はらいます。 haraimasu.	叫咗嘢食先畀錢	先 點 菜 後 付 款 xiàn diǎn cài hòu fù kuǎn
とてもおいしいです。 Totemo oishii desu.	好好味吖!	味 道 真 好! mèi dào zhēn hǎo

日本語	廣東話	普通話
授業 上堂 / 上課		🔘 **CH10_05**
すみません。もういちどいって Sumimasen. Moo ichido itte ください。 kudasai.	唔好意思，請你 再講多次	對 不 起 ， 請 你 再 説 duì bu qǐ　qǐng nǐ zài shuō 一 遍 yī biàn
ノートをもつていません。 Nooto o motte imasen.	我無筆記	我 沒 有 筆 記 wǒ méi yǒu bǐ jì
ちょっとでてもいいですか。 Chotto detemo ii desu ka?	我可唔可以出一 出去？	我 可 以 出 去 wǒ kě yǐ chū qù 一 下 嗎？ yī xià ma
そうたいしてもいい Sootai shitemo ii ですか。 desuka?	我可唔可以早啲 走？	我 可 不 可 以 早 點 (兒) wǒ kě bu kě yǐ zǎo diǎnr 離 開？ lí kāi
しりません。/わかりません。 Shirimasen. Wakarimasen.	我唔知	我 不 知 道 wǒ bù zhī dào
じしょをかりてもいいですか。 Jisho o karitemo ii desuka?	可唔可以借本字 典畀我？	可 不 可 以 借 我 那 kě bu kě yǐ jiè wǒ nà 本 字 典？ běn zì diǎn
...はにほんご/ちゅうごくご ... wa nihonngo chuugokugo でなんといいますか。 de nanto ii masu ka?	日文 / 中文點 講 "..."？	怎 樣 用 日 語 / 中 文 zěn yàng yòng rì yǔ zhōng wén 説 "..."？ shuō
あしたしゅくだいをだしても Ashita shukudai o dashitemo いいですか。 ii desu ka?	我可唔可以聽日 先交功課？	我 可 不 可 以 明 天 wǒ kě bu kě yǐ míng tiān 才 交 功 課？ cái jiāo gōng kè

日本語	廣東話	普通話
ロッカーにいれておきます Rokkaa ni irete okimasu.	我擺喺你 locker	我 放 在 你 的 儲 物 箱 wǒ fàng zài nǐ de chǔ wù xiāng
オフィスへだしにいっても Ofisu e dashini ittemo いいですか。 ii desu ka?	我可唔可以去你 辦公室交畀你？	我 可 不 可 以 到 你 wǒ kě bu kě yǐ dào nǐ 的 辦 公 室 交 給 你？ de bàn gōng shì jiāo gěi nǐ
メールでファイルをおくります。 Meeru de fairu o okurimasu.	我喺電郵 send 個 file 畀你	我 用 電 郵 發 那 個 wǒ yòng diàn yóu fā nà ge 檔 案 給 你 dǎng àn gěi nǐ

オフィス 辦公室　　　　　　　　　　　　🔘 CH10_06

日本語	廣東話	普通話
オフィスはどこですか。 Ofisu wa doko desu ka?	你辦公室喺邊？	你 的 辦 公 室 在 哪（兒）? nǐ de bàn gōng shì zài nǎr
きょうのごごオフィスに Kyoo no gogo ofisu ni いますか。 imasuka?	你今日下晝會唔 會喺辦公室？	你 今 天 下 午 會 不 nǐ jīn tiān xià wǔ huì bu 會 在 辦 公 室？ huì zài bàn gōng shì
あとでいってもいいですか。 Atode ittemo ii desu ka?	我可唔可以遲啲 到？	我 可 不 可 以 晚 wǒ kě bu kě yǐ wǎn 一 點（兒）來？ yī diǎnr lái
ビデオをかりてもいいですか。 Bideo o karitemo ii desu ka?	可唔可以借錄影 帶畀我？	可 不 可 以 借 錄 像 kě bu kě yǐ jiè lù xiàng 帶 給 我？ dài gěi wǒ
れんしゅうようのテープを Renshuu yoo no teepu o もっていますか。 motteimasu ka?	你有無練習用嘅 錄音帶？	你 有 沒 有 練 習 用 nǐ yǒu méi yǒu liàn xí yòng 的 錄 音 帶？ de lù yīn dài

日本語	廣東話	普通話
オフィスのでんわばんごうは Ofisu　no denwa bangoo wa なんばんですか。 nanban　desuka?	你辦公室幾多號電話？	你 辦 公 室 的 電 話 nǐ bàn gōng shì de diàn huà 幾 號？ jǐ hào
わたしのプロジェクトにちょっと Watashi no purojekuto　ni chotto てをかしてくれませんか。 te o kashite kuremasen ka?	我份報告可唔可以搵你幫手？	我 的 課 題 研 究 可 wǒ de kè tí yán jiū kě 不 可 以 找 你 幫 忙？ bu kě yǐ zhǎo nǐ bāng máng
わからないことがあるのです Wakaranaikoto　ga aruno desu が、おしえてもらえますか。 ga, oshiete moraemasu ka?	我有個問題，你可唔可以教下我？	我 有 個 問 題 ， 你 wǒ yǒu ge wèn tí nǐ 可 以 教 我 嗎？ kě yǐ jiāo wǒ ma

日本語	廣東話	普通話
こんにちは。 Konnichiwa.	你好	你 好 nǐ hǎo
いらっしゃいませ。 Irasshaimase.	歡迎光臨	歡 迎 光 臨 huān yíng guāng lín
ほんこん、おおさかのおうふく Honkon oosaka no oofuku のうんちんはいくらですか。 no unchin wa ikura desu ka?	香港去大阪嘅來 回機票要幾錢？	香 港 到 大 阪 的 來 回 xiāng gǎng dào dà bǎn de lái huí 機 票 要 多 少 錢？ jī piào yào duō shǎo qián
かたみちのきっぷですか。 Katamichi no kippu desu ka?	係咪單程機票？	是 不 是 單 程 機 票？ shì bu shì dàn chéng jī piào
いつのきっぷですか。 itsu no kippu desu ka ?	幾時嘅機票？	甚 麼 時 候 的 機 票？ shén me shí hou de jī piào
ビザがひつようですか。 Biza ga hitsuyoo desu ka?	伸唔伸簽證？	要 不 要 簽 證？ yào bu yào qiān zhèng
どのくらい…にたいざいするよ Donokurai ... ni taizai suru yo ていですか。 tee desu ka?	大約留喺...幾耐？	大 概 在 ... 逗 留 多 dà gài zài dòu liú duō 久？ jiǔ
とうきょう Tookyoo	東京	東 京 dōng jīng
ぺきん Pekin	北京	北 京 běi jīng
パリ Pari	巴黎	巴 黎 bā li

日本語	廣東話	普通話
ほんこん Honkon	香港	香 港 xiāng gǎng
JALのきっぷをよやくしたいの JAL no kippu o yoyaku shitaino ですが、ちょっとたかいです。 desu ga, chotto takai desu.	我想買日航嘅機票，但係有啲貴	我 想 買 日 航 的 機 wǒ xiǎng mǎi rì háng de jī 票，但 是 有 點（兒） 貴 piào dàn shì yǒu diǎnr guì
ほかにもっとやすいきっぷが Hoka ni motto yasui kippu ga ありますか。 arimasu ka?	仲有無平啲嘅機票？	還 有 沒 有 便 宜 點 hái yǒu méi yǒu pián yí diǎn （兒）的 機 票？ er de jī piào
なにかのパッケージがあり Nanika no pakkeeji ga ari ますか。 masuka?	有無套票？	有 沒 有 套 票？ yǒu méi yǒu tào piào
こうくうけんとしゅくはく Kookuu ken to shukuhaku ですか。 desu ka?	係咪機票同酒店住宿？	是 不 是 機 票 和 酒 shì bu shì jī piào hé jiǔ 店 住 宿？ diàn zhù sù
それはよつぼしホテルです Sore wa yotsuboshi hoteru desu か。 ka?	係咪4星級酒店？	是 不 是 4 星 級 酒 shì bu shì sì xīng jí jiǔ 店？ diàn
あいにくそのホテルはよやくが Ainiku sono hoteru wa yoyaku ga いっぱいです。 ippai desu.	間酒店已經無位	酒 店 已 經 客 滿 了 jiǔ diàn yǐ jīng kè mǎn le

日本語	廣東話	普通話
にほんこうくう/ぜんにっくう/ Nihon kookuu　zennikkuu/ ちゅうかこうくう/ キャセイ chuuka kookuu　kyasei パシフィックこうくう は pashifikku　kookuu wa まいにちとんでいます。 mainichi tondeimasu.	日航／全日空／ 中華航空／國泰 每日都有航班	日　航／全　日　空／中　華 rì　háng quán rì kōng zhōng huá 航　空／國　泰　每　天　都 háng kōng kuó tài měi tiān dōu 有　航　班 yǒu háng bān
だいじょうぶです。 Daijoobu desu.	無問題	沒　問　題 méi wèn tí
むりです。 Muri desu.	唔得	不　行 bù xíng
ひにちをへんこうできますか。 Hinichi o henkou dekimasu ka ?	可唔可以改日期？	可　不　可　以　改　日　期？ kě bu kě yǐ gǎi rì qī
はい。ただし、ぜいきんをはらう Hai. Tadashi, zeekin o harau ひつようが あります。 hitsuyoo ga arimasu.	可以，不過要再 交稅	可　以，不　過　要　再　交 kě yǐ bù guò yào zài jiāo 稅 shuì
ほけんがひつようですか。 I loken ga hitsuyoo desu ka?	使唔使買保險？	要　不　要　買　保　險？ yào bu yào mǎi bǎo xiǎn
くうこうまでのおうふくのりょうき Kuukoou made no oofuku no ryookin んがふくまれています。 ga fukumarete imasu.	價錢已經包埋來 回機場嘅錢	價　錢　已　經　包　括　來 jià qián yǐ jīng bāo guò lái 回　機　場　的　費　用 huí jī chǎng de fèi yòng

日本語	廣東話	普通話
エアポートバス/なりたエク Eapooto basu　Narita eku スプレス/(ほんこん)エアポート supuresu　honkon　eapooto エクスプレス　があります。 ekusupuresu　ga arimasu.	有機場巴士／成田 快線／香港機場 快線	有 機 場 公 車／成 田 yǒu jī chǎng gōng chē chéng tián 快 線／香 港 機 場 kuài xiàn xiāng gǎng jī chǎng 快 線 kuài xiàn
わたしはがくせいです。 Watashi wa gakusee desu. がくわりがありますか。 Gakuwari ga arimasu ka?	我係學生，學生 有無優惠？	我 是 學 生，學 生 有 wǒ shì xué sheng xué sheng yǒu 沒 有 優 惠？ méi yǒu yōu huì
きっぷはいつもらえますか。 Kippu wa itsu moraemasu ka?	幾時可以拎到機 票？	甚 麼 時 候 可 以 拿 shén me shí hou kě yǐ ná 到 機 票？ dào jī piào
おしはらいはげんきんですか。 Oshiharai wa genkin desu ka? カードですか。 Kaado desu ka?	用現金定信用卡 畀錢？	用 現 金 還 是 信 用 yòng xiàn jīn hái shì xìn yòng 卡 付 款？ kǎ fù kuǎn

日本語	廣東話	普通話
わたしは　にほん/ Watashi wa　Nihon ちゅうごく / ほんこん chuugoku　honkon からきました。 kara kimashita.	我喺日本/中國/ 香港嚟	我 從 日 本 / 中 國 wǒ cóng rì běn　zhōng guó 香 港 來 xiāng gǎng lái
たいしかん / りょうじかん に Taishikan　ryoojikan　ni でんわしたいです。 denwa shitai desu.	我想打電話畀我 國家嘅大使館/ 領事館	我 想 打 電 話 給 我 wǒ xiǎng dǎ diàn huà gěi wǒ 國 家 的 大 使 館 /領 guó jiā de dà shǐ guǎn lǐng 事 館 shì guǎn
すみません。どうやってそこへ Sumimasen.　Dooyatte　soko e いきますか。 ikimasu ka?	你可唔可以話畀 我知點去嗰度？	你 可 不 可 以 告 訴 nǐ kě bu kě yǐ gào su 我 怎 樣 去 那（兒）？ wǒ zěn yàng qù nàr
ちゅうごくたいしかんのでんわ chuugoku taishikan no denwa ばんごうはなんばんですか。 bangoo wa nanban desu ka?	中國大使館嘅電 話幾多號？	中 國 大 使 館 的 電 zhōng guó dà shǐ guǎn de diàn 話 號 碼 是 多 少 ? huà hào mǎ shi duō shǎo
たいし / りょうじ とちょっと Taishi　ryooji　to chotto はなしたいのですが。 hanashitai　no desu ga.	我想同大使/ 領事傾下	我 想 找 大 使 / wǒ xiǎng zhǎo dà shǐ 領 事 談 談 lǐng shi tán tan
パスポートをなくしてしまったの Pasupooto o nakushite shimatta no ですが、どうすれば desu ga,　doo sureba いいですか。 Ii　desu ka?	我唔見咗本護 照，點算好？	我 丟 了 我 的 護 照 ， wǒ diū le wǒ de hù zhào 應 該 怎 麼 辦? yīng gāi zěn me bàn

日本語	廣東話	普通話
りょうじにあいたいの Ryooji ni aitai no ですが、いつがよろしい desu ga, itsu ga yoroshii でしょうか。 deshoo ka?	我想約見領事，唔 知幾時方便呢？	我 想 約 見 領 事 ， 請 wǒ xiǎng yué jiàn lǐng shì　　qǐng 問 甚 麼 時 候 方 便 呢？ wèn shén me shí hou fāng biàn ne
…にあいたいのですが… … ni aitai no desuga.	我想約見…	我 想 約 見… wǒ xiǎng yuē jiàn
ー げんごがくのせんもんか 　Gengogaku no senmonka	ー 語言學家	ー 語 言 學 家 　yǔ yán xué jiā
ー ぐんじせんもんか 　Gunji senmonka	ー 軍事家	ー 軍 事 家 　jūn shì jiā
ー かがくせんもんか 　Kagaku senmonka	ー 科學家	ー 科 學 家 　kē xué jiā
ビザ/パスポートのえんきを Biza pasupooto no enki o おねがいしたいのですが。 onegaishitaino desu ga.	我想續我嘅簽證/ 護照	我 想 延 期 我 的 簽 wǒ xiǎng yán qī wǒ de qiān 證/護 照 zhèng hù zhào

日本語	廣東話	普通話
ゆうびんきょくはどこですか。 Yuubinkyoku wa doko desu ka?	邊度有郵局？	哪 裏 有 郵 局？ nǎ li yǒu yóu jú
ゆうびんきょくはなんじから Yuubinkyoku wa nanji kara なんじまでですか。 nanji made desu ka?	郵局開幾點至幾 點？	郵 局 幾 點 到 幾 點 辦 yóu jú jǐ diǎn dào jǐ diǎn bàn 公？ gōng
きってをかいたいです。 Kitte o kaitai desu.	我想買郵票	我 想 買 郵 票 wǒ xiǎng mǎi yóu piào
よんばんのまどぐちです。 Yonban no madoguchi desu.	4號窗	4 號 櫃 枱 sì hào guì tái
にほん/ちゅうごく/ほんこん Nihon chuugoku honkon へはがきをだしたいです。 e hagaki o dashitai desu.	我想寄信/明信片 去日本/中國/ 香港	我 想 寄 信 / 明 信 片 wǒ xiǎng jì xìn míng xìn piàn 去 日 本 / 中 國 / 香 港 qù rì běn zhōng guó xiāng gǎng
アメリカまでいくらですか。 Amerika made ikura desu ka?	寄去美國要幾多 錢？	寄 去 美 國 要 多 少 錢？ jì qù měi guó yào duō shǎo qián
こうくうびんですか。 Kookuubin desu ka?	係唔係要寄空郵？	是 不 是 要 寄 空 郵？ shì bu shì yào jì kōng yóu
このこづつみをおくりたいです。 Kono kozutsumi o okuritai desu.	我想寄呢個包裹	我 想 寄 這 個 包 裹 wǒ xiǎng jì zhè ge bāo guǒ
さきにこのつうかんようしに Saki ni kono tsuukan yooshi ni きにゅうしますか。 kinyuu shimasu ka?	我係咪要填咗呢 張海關表格先？	我 是 不 是 要 先 填 wǒ shì bu shì yào xiān tián 這 張 海 關 表 格？ zhè zhāng hǎi guān biǎo gé

日本語	廣東話	普通話
ポストはどこですか。 Posuto wa doko desu ka?	邊度有郵筒？	哪　裏　有　郵　筒？ nǎ　lǐ　yǒu　yóu　tǒng
…でおくりたいのですが … de okuritaino　desu ga	我 想 寄…	我　想　寄 … wǒ　xiǎng　jì
―こうくうびん 　　Kookuubin	―空郵	―　空　郵 kōng yóu
―ふなびん 　　Funabin	―平郵	―　平　郵 píng yóu
―かきとめ 　　Kakitome	―掛號	―　掛　號 guà hào
―そくたつ 　　Sokutatsu	―速遞	―　快　遞 kuài dì
わたしあてのゆうびんが Watashi ate no yuubin ga ありますか。 arimasu ka?	係咪有我嘅信？	是　不　是　有　我　的　郵　件？ shì　bu　shì　yǒu　wǒ　de　yóu　jiàn
わたしのなまえは… Watashi no namae wa...	我個名係…	我　的　名　字　是 … wǒ　de　míng zi　shì
これはわたしの　パスポート/ Kore wa watashi no　pasupooto/ みぶんしょうめいしょです。 mibun shoomeesho　desu.	呢個係我嘅護照 / 身份證	這　是　我　的　護　照 / zhè　shi　wǒ　de　hù　zhào 身　份　證 shēn fèn　zhèng

電話、ファックス、電子メール　電話、傳真、電子郵件　　🔊 CH13_02

日本語	廣東話	普通話
このちかくにこうしゅうでんわが Kono chikaku ni kooshuu　denwa ga ありますか。 arimasu ka?	附近有無電話亭？	附　近　有　沒　有　電　話　亭？ fù　jìn　yǒu　méi　yǒu　diàn huà　tíng

日本語	廣東話	普通話
でんわがこわれていますから、 Denwa ga kowarete imasu kara, レストランのをつかってください。 resutoran no o tsukatte kudasai.	電話壞咗，你用餐廳嗰個	電 話 壞 了 ， 你 可 以 diàn huà huài le　　nǐ kě yǐ 用 餐 廳 那 個 yòng cān tīng nà ge
でんわちょうがありますか。 Denwa choo ga arimasu ka?	你有無電話簿？	你 有 沒 有 電 話 簿？ nǐ yǒu méi yǒu diàn huà bù
わたしにでんわをくれませんか。 Watashi ni denwa o kuremasen ka?	你可唔可以打畀我？	你 可 不 可 以 打 電 nǐ kě bu kě yǐ dǎ diàn 話 給 我？ huà gěi wǒ
にほんにでんわをしたいのです Nihon ni denwa o shitai no desu が、おねがいできますか。 ga, onegai dekimasu ka?	我想打去日本，你可唔可以幫找？	我 想 打 電 話 去 日 wǒ xiǎng dǎ diàn huà qù rì 本 ， 你 可 以 幫 我 嗎？ běn　　nǐ kě yǐ bāng wǒ ma
でんわはいっかいいくら Denwa wa ikkai ikura かかりますか。 kakarimasu ka?	請問打一次電話要幾多錢？	請 問 打 一 次 電 話 qǐng wèn dǎ yī cì diàn huà 要 多 少 錢？ yào duō shǎo qián
もしもし。…ですが、 Moshimoshi. ...desu ga.	你好，我係…	你 好 ， 我 是 … nǐ hǎo　 wǒ shì
…さんをおねがいします。 ... San o onegai shimasu.	我想搵…	我 想 找 … wǒ xiǎng zhǎo
…さんのおたくでしょうか。 ... San no otaku deshoo ka?	請問呢度係咪…嘅屋企？	請 問 這 裏 是 不 是 qǐng wèn zhè lǐ shì bu shì … 的 家？ de jiā

日本語	廣東話	普通話
あとでまたおでんわしてよろしい Ato de mata odenwa shite yoroshii でしょうか。 deshoo ka?	我可唔可以晏啲 再打畀你？	我 可 不 可 以 晚 點（兒） wǒ kě bu kě yǐ wǎn diǎnr 再 給 你 電 話？ zài gěi nǐ diàn huà
いただいたばんごうは Itadaita bangoo wa まちがっています。 machigatte imasu.	你畀咗個錯嘅號 碼我	你 給 了 我 一 個 錯 的 nǐ gěi le wǒ yī ge cuò de 號 碼 hào mǎ
でんわがきれました。 Denwa ga kiremashita.	電話斷咗線	電 話 斷 線 了 diàn huà duàn xiàn le
かれはなんじにかえりますか。 Kare wa nanji ni kaerimasu ka?	佢幾點番嚟？	他 甚 麼 時 候 回 來？ tā shēn me shí hòu huí lái
でんごんをおねがい Dengon o onegai できますか。 dekimasu ka?	我可唔可以留言？	我 可 不 可 以 留 言？ wǒ kě bu kě yǐ liú yán
おかねをはらいたいです。 Okane o haraitai desu.	我想找數	我 想 付 款 wǒ xiǎng fù kuǎn
でんわです。 Denwa desu.	有電話搵你！	有 電 話 找 你！ yǒu diàn huà zhǎo nǐ
なんばんにおかけですか。 Nanban ni okake desu ka?	你打幾多號電話？	你 撥 哪 個 電 話 號 碼？ nǐ bō nǎ ge diàn huà hào mǎ
でんわがつながりません。 Denwa ga tsunagri masen.	電話暫時未能 接通	電 話 暫 時 未 能 接 通 diàn huà zàn shí wèi néng jiē tōng

日本語	廣東話	普通話
でんわがこしょうしています。 Denwa ga koshoo shite imasu.	電話故障	電 話 故 障 diàn huà gù zhàng
かれ / かのじょ　はただいま Kare(M) kanojo(F) wa tadaima おりません。 orimasen.	佢而家唔喺度	他 現 在 不 在 tā xiàn zài bù zài
どこでテレホンカードが Doko de terehon kaado ga かえますか。/ どこでプリペイド kaemasu ka? Doko de puripeedo けいたいがかえますか。 keetai ga kaemasu ka?	喺邊度可以買到 電話卡 / 用喺手提 電話嘅儲值卡？	在 哪 裏 可 以 購 買 zài nǎ li kě yǐ gòu mǎi 電 話 卡 / 手 提 電 話 diàn huà kǎ shǒu tí diàn huà 用 的 預 付 卡 ？ yòng de yù fù kǎ
ホテルでしょるいをファックス Hoteru de shorui o fakkusu できますか？ dekimasu ka?	我可唔可以喺酒 店傳真啲文件？	我 可 不 可 以 在 酒 wǒ kě bu kě yǐ zài jiǔ 店 傳 真 文 件 ？ diàn chuán zhēn wén jiàn
コンピューターを つかってもいい konpyuutaa o tsukattemo ii ですか。メールをチェック desu ka? meeru o chekku したいです。 shitai desu.	我可唔可以用你 部電腦？我想睇 電郵	我 可 不 可 以 用 你 wǒ kě bu kě yǐ yòng nǐ 的 電 腦 ？ 我 想 查 de diàn nǎo wǒ xiǎng chá 閱 電 了 郵 件 yuè diàn zǐ yóu jiàn
ネットカフェをさがしています Netto kafe o sagashiteimasu が、このちかくにありますか。 ga, kono chikaku ni arimasu ka?	我搵緊網吧。呢度 附近有無？	我 在 找 網 吧 。 這 裏 wǒ zài zhǎo wǎng bā zhè lǐ 附 近 有 沒 有 ？ fù jìn yǒu méi yǒu

日本語	廣東話	普通話
いんしょくきんし Inshoku kinshi.	請勿飲食	請 勿 飲 食 qǐng wù yǐn shí
たちいりきんし Tachiiri kinshi.	請勿進入	請 勿 進 入 qǐng wù jìn rù
さわらないでください。 Sawaranaide kudasai.	請勿觸摸	請 勿 觸 摸 qǐng wù chù mō
しばふにはいらないで Shibafu ni hairanaide ください。 kudasai.	請勿踐踏草地	請 勿 踐 踏 草 地 qǐng wù jiàn tà cǎo dì
さつえいきんし Satsuee kinshi.	請勿攝影	請 勿 攝 影 qǐng wù shè yǐng
きんえん Kin-en.	請勿吸煙	請 勿 吸 煙 qǐng wù xī yān
ちゅうていしゃきんし Chuuteesha kinshi.	不准停車	不 准 停 車 bù zhǔn tíng chē

日本語	廣東話	普通話

薬局 藥房

CH15_01

日本語	廣東話	普通話
…のくすりがほしいです。 … no kusuri ga hoshii desu.	我想要啲藥醫…	我 想 要 一 些 藥 品 wǒ xiǎng yào yī xiē yào pǐn 來 醫 治 … lái yī zhì
ー かぜ Kaze	ー 傷風	ー 傷 風 shāng fēng
ー せき Seki	ー 咳	ー 咳 嗽 ké sou
ー ひやけ Hiyake	ー 太陽曬傷	ー 太 陽 灼 傷 tài yáng zhuó shāng
ー めまい Memai	ー 頭暈	ー 頭 暈 tóu yūn
ー くるまよい Kuruma yoi	ー 暈車浪	ー 暈 車 yùn chē
ー ふくつう Fukutsuu	ー 胃痛	ー 胃 疼 wèi téng
このくすりはいしゃの きょか Kono kusuri wa isha no kyoka がひつようですか。 ga hitsuyou desu ka?	呢隻藥使唔使醫 生批准先用得？	這 種 藥 需 要 醫 生 zhè zhǒng yào xū yào yī shēng 批 准 才 能 服 用 嗎？ pī zhǔn cái néng fú yòng ma
…がほしいです。 … ga hoshii desu.	我想要…	我 想 要 … wǒ xiǎng yào
ー アルコール Arukooru	ー 酒精	ー 酒 精 jiǔ jīng
ー アスピリン Asupirin	ー 阿士匹靈	ー 阿 斯 匹 靈 ā sī pǐ líng
ー わた Wata	ー 棉花	ー 棉 花 mián huā
ー せきどめのくすり Sekidome no kusuri	ー 止咳水	ー 止 咳 水 zhǐ ké shuǐ

日本語	廣東話	普通話
ー オキシドール Okishidooru	ー 雙氧水	ー 雙 氧 水 shuāng yǎng shuǐ
ー しょうどくようのくすり Shoodoku yoo no kusuri	ー 消毒藥水	ー 消 毒 藥 水 xiāo dú yào shuǐ
ー みみのくすり mimi no kusuri	ー 耳藥水	ー 耳 藥 水 ěr yào shuǐ
ー めぐすり Megusuri	ー 眼藥水	ー 眼 藥 水 yǎn yào shuǐ
ー さっちゅうざい Sacchuuzai	ー 殺蟲劑	ー 殺 蟲 劑 shā chóng jì
ー げざい gezai	ー 瀉藥	ー 瀉 藥 xiè yào
ー しょうどくようのタオル Shoodoku yoo no taoru	ー 消毒毛巾	ー 消 毒 毛 巾 xiāo dú máo jīn
ー ちんせいざい Chinseezai	ー 鎮靜劑	ー 鎮 靜 劑 zhèn jìng jì
ー すいみんやく Suimin-yaku	ー 安眠藥	ー 安 眠 藥 ān mián yào
ー のどあめ Nodo ame	ー 喉糖	ー 喉 糖 hóu táng

医者にかかる 睇醫生 / 看病　🔍 CH15_02

いしゃをよんでもらえますか。 Isha o yonde moraemasu ka?	可唔可以幫我搵醫生？	可 不 可 以 給 我 找 kě bu kě yǐ gěi wǒ zhǎo 個 醫 生？ ge yī shēng
ここにおいしゃさんはいますか。 Koko ni oishasan wa imasu ka?	呢度有無醫生？	這 裏 有 沒 有 醫 生？ zhè lǐ yǒu méi yǒu yī shēng
はやくいしゃをよんできて Hayaku isha o yonde kite ください！ kudasai!	唔該快啲搵醫生嚟	請 快 點 找 醫 生 來 qǐng kuài diǎn zhǎo yī shēng lái
びょういんはどこですか。 Byooin wa doko desu ka?	邊度有醫院？	哪 裏 有 醫 院？ nǎ li yǒu yī yuàn

日本語	廣東話	普通話
びょういんはなんじからですか。 Byooin wa nanji kara desu ka?	幾點開始睇症？	甚 麼 時 候 開 始 看 病？ shén me shí hou kāi shǐ kàn bìng
らいしんしてもらえますか。 Raishin shite moraemasu ka?	可唔可以叫醫生出外應診？	可 不 可 以 請 醫 生 外 kě bu kě yǐ qǐng yī shēng wài 出 聽 診？ chū tīng zhěn
せんせいはなんじにきますか。 Sensee wa nanji ni kimasu ka?	醫生幾點嚟呀？	醫 生 甚 麼 時 候 來 yī shēng shén me shí hou lái 呀？ ya
…をよんでもらえますか。 ...o yonde moraemasu ka?	可唔可以幫我搵個…	可 不 可 以 給 我 找 個… kě bu kě yǐ gěi wǒ zhǎo ge
－ないかのいしゃ 　　Naika no isha	－內科醫生	－ 內 科 醫 生 　　nèi kē yī shēng
－しょうにかりいしゃ 　　Shoonika no isha	－兒科醫生	－ 兒 科 醫 生 　　ér kē yī shēng
－がんかのいしゃ 　　Ganka no isha	眼科醫生	－ 眼 科 醫 生 　　yǎn kē yī shēng
－ふじんかのいしゃ 　　Fujinka no isha	－婦科醫生	－ 婦 科 醫 生 　　fù kē yī shēng
－じびかのいしゃ 　　Jibika no isha	－耳鼻喉科醫生	－ 耳 鼻 喉 科 醫 生 　　ér bí hóu kē yī shēng
－ぶつりりょうほうし 　　Butsuri ryoohoo shi	－物理治療師	－ 物 理 治 療 師 　　wù lǐ zhì liáo shi
－リュウマチのせんもんい 　　Ryuumachi no senmon-i	－風濕科醫生	－ 風 濕 科 醫 生 　　fēng shī kē yī zhǒng
…をよやくできますか。 ...o yoyaku dekimasu ka?	我可唔可以約…？	我 可 不 可 以 預 約…？ wǒ kě bu kě yǐ yù yuē
－あすの/できるだけはやい 　　Asu no dekirudake hayai 　　しんさつ 　　shinsatsu	－聽日/越早 　　越好	－ 明 天/越 早 越 好 　　míng tiān yuè zǎo yuè hǎo

日本語	廣東話	普通話

気分が悪い 唔舒服 / 不舒服　　　　　　　　　　CH15_03

からだのちょうしがわるいです。 Karada no chooshi ga warui desu.	我覺得唔舒服	我 覺 得 身 體 不 對 勁 wǒ jué de shēn tǐ bù duì jìn
びょうきです。 Byooki desu.	我病呀	我 病 了 wǒ bìng le
ここのちょうしがわるいです。 Koko no chooshi ga warui desu.	我呢度唔舒服	我 這 裏 不 舒 服 wǒ zhè lǐ bù shū fu
…のちょうしがわるいです。 … no chooshi ga warui desu.	我 … (身體某部分) 唔 舒服	我 … (身體某部分) 不 舒 服 wǒ　　　　　　　　bù shū fu
あたまがいたいです。 Atama ga itai desu.	我頭痛	我 頭 痛 wǒ tóu tòng
せなかがいたいです。 Senaka ga itai desu.	我背脊痛	我 背 痛 wǒ bèi tòng
ねつがあります。 Netsu ga arimasu.	我發燒	我 發 燒 wǒ fā shāo
のどがいたいです。 Nodo ga itai desu.	我喉嚨痛	我 嗓 子 痛 wǒ sǎng zi tòng
べんぴです。 Benpi desu.	我便秘	我 便 秘 wǒ biàn mì
はきけがします Hakike ga shimasu.	我想嘔	我 想 吐 wǒ xiǎng tù
めまいがします。 Memai ga shimasu.	我頭暈	我 頭 暈 wǒ tóu yūn

日本語	廣東話	普通話
わたし /かれ/かのじょ/あなた Watashi/kare(M)/kanojo(F) / anata は…です。 wa … desu.	我 / 佢 / 你 有 …	我 / 他 / 你 有 … wǒ　tā　nǐ　yǒu
─ ぜんそく 　Zensoku	─ 哮喘	─ 哮 喘 　xiāo chuǎn
─ かぜ 　Kaze	─ 傷風	─ 傷 風 　shāng fēng
─ げり 　Geri	─ 肚瀉	─ 腹 瀉 　fù　xiè
─ ぢ 　Ji	─ 痔瘡	─ 痔 瘡 　zhì chuāng
─ ヘルニア 　Herunia	─ 疝	─ 疝 　shàn
─ しょうかふりょう 　Shóókà　furyóó	─ 消化不良	─ 消 化 不 良 　xiāo huà bù liáng
─ えんしょう 　Enshoo	─ 發炎	─ 發 炎 　fā　yán
─ リューマチ 　Ryuumachi	─ 風濕	─ 風 濕 　fēng shī
かたこり 　Katakori	─ 頸梗	─ 脖 子 堅 硬 　bó　zi jiān yìng
─ かいよう 　Kaiyoo	─ 潰瘍	─ 潰 瘍 　kuì yáng
だいじょうぶでしょう。 Daijoobu　　deshoo.	我估無乜事嘅	我 想 沒 有 甚 麼 大 wǒ xiǎng méi yǒu shén me dà 礙 ài
どこがわるいですか。 Doko ga warui　desu ka?	邊度唔舒服？	哪 裏 感 到 不 對 勁？ nǎ　li　gǎn dào bù　duì jìn
いたみはどのくらいつづいて Itami　wa donokurai　tsuzuite いますか。 imasu ka?	痛咗幾耐呀？	痛 了 多 久？ tòng le　duō jiǔ

日本語	廣東話	普通話
あそこによこになってください。 Asoko ni yoko ni natte kudasai.	瞓響嗰度	躺 在 那 裏 tǎng zài nà li
くちをおおきくあけてください。 Kuchi o ookiku akete kudasai.	擘大口	張 大 口 zhāng dà kǒu
しんこきゅうしてください。 Shinkokyuu shite kudasai.	深呼吸	深 呼 吸 shēn hū xī
ねつをはかります。 Netsu o hakarimasu.	我幫你探下熱先	我 先 給 你 量 體 溫 wǒ xiān gěi nǐ liáng tǐ wèn
けつあつをはかります。 Ketsuatsu o hakarimasu.	我幫你量下血壓	我 給 你 量 血 壓 wǒ gěi nǐ liáng xuè yā
これははじめてですか。 Kore wa hajimete desu ka?	以前有無試過咁？	以 前 出 現 過 這 樣 的 yǐ qián chū xiàn guò zhè yàng de 情 況 嗎? qíng kuàng ma
まずちゅうしゃをします。 Mazu chuusha o shimasu.	我幫你打針先	我 先 給 你 打 針 wǒ xiān gěi nǐ dǎ zhēn
まずにょうけんさします。 Mazu nyoo kensa shimasu.	我幫你驗尿先	我 先 幫 你 驗 尿 wǒ xiān bāng nǐ yàn niào
たいしたことはありません。 Taishita koto wa arimasen.	無乜大礙	沒 有 甚 麼 大 礙 méi yǒu shén me dà ài
にさんにちゆっくりやすんで Ni san nichi yukkuri yasunde ください。 kudasai.	你要好好地抖番 兩三日	你 要 好 好 休 息 兩 nǐ yào hǎo hǎo xiu xi liǎng 三 天 sān tiān

日本語	廣東話	普通話
これは…です。 Kore wa ... desu.	你有…	你　有　… nǐ　yǒu
— かんせつえん 　　Kansetsuen	— 關節炎	—　關　節　炎 　　guān jié yán
— インフルエンザ 　　Infuruenza	— 感冒	—　感　冒 　　gǎn mào
— もうちょうえん 　　Moochooen	— 盲腸炎	—　盲　腸　炎 　　máng cháng yán
これはいえんのしょうじょう Kore wa ien　no shoojoo です。 desu.	呢啲係腸胃炎嘅 徵狀	這　是　腸　胃　炎　的　症 zhè　shì　cháng wèi yán　de zhèng 狀 zhuàng
おさけののみすぎです/たばこ Osake　no nomisugi desu /tabako のすいすぎです。 no suisugi　desu.	你飲酒/食煙太 多喇	你　喝　太　多　酒/抽　太 nǐ　hē　tài　duō jiǔ chōu tài 多　煙　了 duō yān le
かろうです。ゆっくりやすんだ Karoo desu. Yukkuri　yasunda ほうがいいですよ。 hoo ga ii　desu yo.	你透支過度，要 好好休息番下	你　已　經　虛　脫， nǐ　yǐ　jīng　xū　tuō 需　要　好　好　休　息 xū　yào hǎo hǎo xiū　xi
さきにぜんしんのけんさを Saki ni zenshin　no kensa o しなければなりません。 shinakereba　narimasen.	一定要做個全身 檢查先	一　定　要　先　做　一　個 yí　dìng yào　xiān zuò　yī　ge 全　身　檢　查 quán shēn jiǎn chá

日本語	廣東話	普通話
わたしは…があります。 Watashi wa ... ga arimasu.	我有…	我　有　… wǒ　yǒu
…がみえますか。 ... ga miemasu ka?	你見唔見到有…	你　有　沒　有　看　到　… nǐ　yǒu méi yǒu kàn dào
— みずぶくれ 　　Mizubukure	— 水泡	—　水　泡 　　shuǐ pào

日本語	廣東話	普通話
ー だぼくのきず Daboku no kizu	ー 瘀傷	ー 瘀傷 yū shāng
ー さけたきず Saketa kizu	ー 割傷	ー 割傷 gē shāng
ー きりきず Kirikizu	ー 切傷	ー 切傷 qiē shāng
ー やけど Yakedo	ー 燙傷	ー 燙傷 tàng shāng
ー むしさされ Mushisasare	ー 蚊蟲咬傷	ー 蚊蟲咬傷 wén chóng yǎo shāng
ー はれ Hare	ー 腫咗	ー 腫 zhǒng
ー あかいはんてん Akai hanten	ー 紅斑	ー 紅斑 hóng bān
ー ぶつかってはれたきず/ Butsukatte hareta kizu こぶ kobu	ー 撞腫咗 / 起咗 個瘤	ー 撞腫了 / zhuàng zhǒng le 腫了個包 zhǒng le ge bāo
ー すりきず Surikizu	ー 皮外傷	ー 皮外傷 pí wài shāng
ー おおけが/じゅうしょう Ookega juushoo	ー 傷得好嚴重 / 重傷	ー 傷得好嚴重 / shāng de hǎo yán zhòng 重傷 zhòng shāng
うごけません。 Ugokemasen.	我郁唔到	我不能動 wǒ bù néng dòng
とてもいたいです。 Totemo itai desu.	好痛	好痛 hǎo tòng
かんせんされましたか。 Kansen saremashita ka?	有無被傳染？	有沒有被傳染？ yǒu méi yǒu bèi chuán rǎn

日本語	廣東話	普通話
スキャンをします。 Sukyan　o shimasu.	我哋要同你做個 掃瞄	我 們 要 跟 你 做 個 wǒ men yào gēn nǐ zuò ge 掃 瞄 sǎo miáo
えんしょうをおさえるくすり Enshoo　　o osaeru kusuri をあげます。 o agemasu.	我 開啲 消炎藥 畀你	我 給 你 消 炎 藥 wǒ gěi nǐ xiāo yán yào
…にちあとでもういちどきて … nichi ato de　moo ichido　kite ください。 kudasai.	…（數目）日之後番 嚟覆診	…（數目）天 後 回 來 覆 診 tiān hòu huí lái fù zhěn

その他の状態　其他身體狀況　🔊 CH15_05

日本語	廣東話	普通話
とうにょうびょうがあります。 Toonyoobyoo　　ga arimasu.	我 有 糖尿病	我 有 糖 尿 病 wǒ yǒu táng niào bìng
しんぞうびょうがあります。 Shinzoobyoo　　ga arimasu.	我 有 心臟病	我 有 心 臟 病 wǒ yǒu xīn zàng bìng
しんぞうのほっさが Shinzoo　na hossa ga おきました。 okimashita.	我 心臟病發	我 心 臟 病 發 作 wǒ xīn zàng bìng fā zuò
わたしは…のアレルギーが Watashi wa … no arerugii　ga あります。 arimasu.	我 對…（食物／東西） 敏感	我 對 …（食物／東西）敏 感 wǒ duì mǐn gǎn
こどもができました／にんしん Kodomo ga dekimashita./Ninshin しています。 shite imasu.	我有咗 BB／我大 緊肚	我 懷 孕 了／我 正 在 wǒ huái yùn le wǒ zhèng zài 懷 孕 huái yùn

日本語	廣東話	普通話
よていびはいつですか。 Yoteebi wa itsu desu ka?	預產期幾時？	甚麼 時 候 是 預 產 期? shén me shí hòu shì yù chǎn qī
りょこうにいってもいいですか。 Ryokoo ni ittemo iidesu ka?	我可唔可以去旅行？	我 可 不 可 以 去 旅 行? wǒ kě bu kě yǐ qù lǚ xíng
…のまえにりょこうにいっては ... no mae ni ryokoo ni ittewa いけません。 ikemasen.	你喺 ...（日期）之前唔可以去旅行	你 在 ...（日期）之 前 不 可 nǐ zài zhī qián bù kě 以 去 旅 行 yǐ qù lǚ xíng
うんどうをしてもいいですか。 Undoo o shitemo iidesu ka?	我可唔可以做運動？	我 可 不 可 以 做 運 動? wǒ kě bu kě yǐ zuò yùn dòng
インスリンをどのくらいつかい Insurin o donokurai tsukai ますか？ masu ka?	你用幾多胰島素？	你 用 多 少 份 量 的 nǐ yòng duō shǎo fèn liàng de 胰 島 素? yí dǎo sù
ちゅうしゃをしますか。それとも Chuusha o shimasu ka? Soretomo くすりをのみますか。 kusuri o nomimasu ka?	打針定食藥？	注 射 還 是 吃 藥? zhù shè hái shì chī yào
ていきてきにけんさをしています Teekiteki ni kensa o shiteimasu か。 ka?	你有無定期檢查？	你 有 沒 有 定 期 檢 查? nǐ yǒu méi yǒu dìng qī jiǎn chá
てきとうなうんどうをしても Tekitoo na undoo o shitemo いいですよ。 iidesu yo.	你可以做適量嘅運動	你 可 以 做 適 量 運 動 nǐ kě yǐ zuò shì liàng yùn dòng

日本語	廣東話	普通話

薬 開藥

CH15_06

日本語	廣東話	普通話
こうせいぶっしつをしょほう Koosee busshitsu o shohoo します。 shimasu.	我開隻抗生素 畀你	我 給 你 開 一 種 抗 wǒ gěi nǐ kāi yī zhǒng kàng 生 素 shēng sù
ほんこん/にほん　にはこの Honkon nihon niwa kono くすりはありませんが、おなじ kusuri wa arimasen ga, onaji ようなものをあげましょう。 yoo namono o agemashoo.	香港/日本無呢隻 藥，不過我可以畀 隻差唔多嘅你	在 香 港/日 本 沒 有 zài xiāng gǎng rì běn méi yǒu 這 種 藥 ， 不 過 我 zhè zhǒng yào bù guò wǒ 可 以 給 你 另 一 種 kě yǐ gěi nǐ lìng yī zhǒng 差 不 多 的 藥 chà bù duō de yào
とんなくすりをのみますか。 Donna kusuri o nomimasu ka?	要食啲乜嘢藥？	要 吃 其 麼 藥 ？ yào chī shén me yào
いちにちなんかいのみますか。 Ichinichi nankai nomimasu ka?	一日要食幾多次？	一 天 要 吃 多 少 次 ？ yī tiān yào chī duō shǎo cì
にじかんごとに、こきじさんばい Nijikan goto ni kosaji sanbai のんでください。 nonde kudasai.	每隔兩個鐘頭食 三茶匙	每 兩 個 小 時 吃 三 měi liǎng ge xiǎo shí chī sān 茶 匙 chá chí
このじょうざいはいちにち、 Kono joozai wa ichinichi, さん、よんかいのんでください。 san yon kai nonde kudasai.	啲藥丸每日食三 至四次。	這 些 藥 片 每 天 吃 zhè xiē yào piàn měi tiān chī 三 至 四 次 sān zhì sì cì
ーしょくぜんにのんで 　 Shokuzen ni nonde 　くださいい。 　 kudasai.	ー飯前食	ー 飯 前 吃 fàn qián chī

日本語	廣東話	普通話
― しょくごにのんで Shokugo ni nonde ください。 kudasai.	― 飯後食	― 飯 後 吃 fàn hòu chī
― あさのんでください。 Asa nonde kudasai.	― 朝早食	― 早 上 吃 zǎo shang chī
― よるのんでください。 Yoru nonde kudasai.	― 夜晚食	― 晚 上 吃 wǎn shang chī

歯医者 睇牙醫 / 看牙醫   🔘 CH15_07

はがいたいです。 Ha ga itai desu.	我牙痛呀	我 牙 痛 wǒ yá tòng
いいはいしゃをしっていますか。 Ii haisha o shitte imasu ka?	你識唔識啲好嘅 牙醫?	你 認 不 認 識 一 些 nǐ rèn bu rèn shi yì xiē 好 的 牙 科 醫 生 ? hǎo de yá kē yī shēng
しんさつのよやくをしたいの Shinsatsu no yoyaku o shitaino ですが。 desu ga.	我想約見醫生	我 想 約 見 醫 生 wǒ xiǎng yuē jiàn yī shēng
きんきゅうなんです。 Kinkyuu nan desu.	好急嘅	很 緊 急 的 hěn jǐn jí de
はやくいってもいいですか。 Hayaku ittemo ii desu ka? とてもぐあいがわるいです。/ Totemo guai ga warui desu. はがとてもいたいです。 Ha ga totemo itai desu.	我可唔可以早啲 嚟?我好唔舒服 / 我啲牙好痛	我 可 不 可 以 早 一 wǒ kě bu kě yǐ zǎo yī 點 來?我 很 不 舒 服 / diǎn lái wǒ hěn bù shū fu 我 的 牙 齒 很 痛 wǒ de yá chǐ hěn tòng
えんしょうがありますか。 Enshoo ga arimasu ka?	係咪發炎呀?	是 不 是 發 炎 ? shì bu shì fā yán

日本語	廣東話	普通話
このはのせいで...がとても Konohanoseede ... ga totemo いたいです。 itai desu.	呢隻牙整到我 ... 唔舒服	這 顆 牙 齒 弄 得 我 ... zhè kē yá chǐ nòng de wǒ 很 不 舒 服 hěn bù shū fu
ー うえ 　Ue	ー 上面	ー 上 面 　shàng miàn
ー した 　Shita	ー 下面	ー 下 面 　xià miàn
ー うしろ 　Ushiro	ー 後面	ー 後 面 　hòu miàn
ー まえ 　Mae	ー 前面	ー 前 面 　qián miàn
はのつめものがとれて Ha no tsumemono ga torete しまいました。 shimai mashita.	我補牙嗰度甩咗	我 補 牙 的 地 方 掉 了 wǒ bǔ yá de dì fang diào le
このはをぬかなければ Kono ha o nukanakereba なりませんよ。 narimasen yo.	呢隻牙要剝喇	這 顆 牙 齒 要 拔 掉 了 zhè kē yá chǐ yào bá diào le
はをつめなおしてあげます。 Ha o tsumenaoshite agemasu.	我幫你補番隻牙	我 替 你 把 牙 補 好 wǒ tì nǐ bǎ yá bǔ hao
ますいをちゅうしゃします。 Masui o chuusha shimasu.	我幫你落啲麻醉藥先	我 先 給 你 打 麻 醉 藥 wǒ xiān gěi nǐ dǎ má zuì yào
はぐきが... Haguki ga ...	我啲牙肉 ...	我 的 牙 肉 ... wǒ de yá ròu
ー いたいです。 　Itai desu.	ー 痛	ー 痛 　tòng
ー はれています。 　Harete imasu.	ー 腫咗	ー 腫 了 　zhǒng le

日本語	廣東話	普通話
― ちがでました。 Chi ga demashita.	― 流血	― 流 血 liú xuè
いればがとれました。 Ireba ga toremashita.	我整爛咗隻假牙	我 弄 爛 了 一 顆 假 牙 wǒ nòng làn le yī kē jiǎ yá
なおしてあげますよ。 Naoshite agemasu yo.	我幫你整番好佢	我 幫 你 把 它 弄 好 wǒ bāng nǐ bǎ tā nòng hǎo
どのくらいかかりますか。 Donokurai kakari masu ka?	要整幾耐？	要 多 久？ yào duō jiǔ

体の部位 身體各部分　　　　　　　　　CH15_08

おなか onaka	腹部	腹 部 fù bù
ちょう Choo	腸	腸 cháng
けっかん Kekkan	血管	血 管 xuè guǎn
うで Ude	手臂	手 臂 shǒu bì
くち Kuchi	口	口 kǒu
かみのけ Kami no ke	頭髮	頭 髮 tóu fa
しんぞう Shinzoo	心臟	心 臟 xīn zàng
ろっこつ Rokkotsu	肋骨	肋 骨 lèi gǔ
くび Kubi	頸	脖 子 bó zi

日本語	廣東話	普通話
ひじ Hiji	手踭	手 肘 shǒu zhǒu
もも Momo	大髀	大 腿 dà tuǐ
は Ha	牙	牙 齒 yá chǐ
ゆび Yubi	手指	手 指 shǒu zhǐ
せなか Senaka	背脊	背 脊 bèi jǐ
かた Kata	膊頭	肩 膀 jiān bǎng
い I	胃	胃 wèi
かんぞう Kanzoo	肝	肝 gān
ひざ Hiza	膝頭	膝 蓋 xī gài
おしり Oshiri	屁股	屁 股 pì gu
あし Ashi	腳	腳 jiǎo
した Shita	脷	舌 頭 shé tou
くちびる Kuchibiru	唇	唇 chún
あご Ago	顎	顎 è

日本語	廣東話	普通話
きんにく kinniku	肌肉	肌 肉 jī ròu
しんけい Shinkee	神經線	神 經 線 shén jīng xiàn
はな Hana	鼻	鼻 子 bí zi
みみ Mimi	耳	耳 朵 ěr duo
あしのゆび Ashi no yubi	腳趾	腳 趾 jiǎo zhǐ
ほね Hone	骨頭	骨 頭 gǔ tou
あしのうら Ashi no ura	腳板	腳 掌 jiáo zhǎng
むね Mune	心口	胸 口 xiōng kǒu
はい Hai	肺	肺 fèi
ち／けつえき Chi ketsueki	血	血 xuè
ちぶさ Chibusa	乳房	乳 房 rǔ fáng
じんたい Jintai	韌帶	韌 帶 rèn dài
め Me	眼	眼 睛 yǎn jing

16 病院、緊急 醫院和緊急事故

日本語	廣東話	普通話
たすけて! Tasukete!	救命呀!	救 命 呀! jiù mìng ya
びょういんにつれていつて Byooin ni tsurete itte ください。 kudasai.	唔該送我去醫院!	請 送 我 去 醫 院! qǐng sòng wǒ qù yī yuàn
いしゃにつれていつてください。 Isha ni tsurete itte kudasai.	唔該帶我去搵 醫生!	請 帶 我 去 看 醫 生! qǐng dài wǒ qù kàn yī shēng
きゅうきゅうしゃをよんじ Kyuukyuusha o yonde ください。 kudasai.	唔該叫白車	請 叫 救 護 車 qǐng jiào jiù hù chē
いそいでください! Isoide kudasai!	唔該快啲!	請 快 點(兒)! qǐng kuài diǎnr
きんきゅうでんわばんごうは? Kinkyuu denwa bangoo wa?	緊急電話係幾多 號?	緊 急 電 話 的 號 碼 是 jǐn jí diàn huà de hào mǎ shì 幾 號? jǐ hào
もよりのびょういんはどこ Moyori no byooin wa doko ですか。 desu ka?	最近嘅醫院喺邊?	最 近 的 醫 院 在 哪(兒)? zuì jìn de yī yuàn zài nǎr
おおどおりでじこが oodoori de jiko ga ありました。 arimashita.	大路嗰度有意外	公 路 上 發 生 意 外 gōng lù shàng fā shēng yì wài

日本語	廣東話	普通話
みなさん、どいてください。 Minasan , doite kudasai.	唔該你哋走開	請 你 們 走 開 qǐng nǐ men zǒu kai
こきゅうさせてください。 kokyuu sasete kudasai.	唔該畀佢抖氣！	請 讓 他 呼 吸 空 氣 ！ qǐng ràng tā hū xī kōng qì
うごかさないでください。 ugokasanaide kudasai.	千祈唔好郁佢！	千 萬 不 要 移 動 他 ！ qiān wàn bù yào yí dòng tā
ゆっくりうごかしてください。 Yukkuri ugokashite kudasai.	小心啲郁佢呀！	請 小 心 點 (兒) 移 動 他 ！ qiǎn xiǎo xīn diǎnr yí dòng tā
おみずをください。 Omizu o kudasai.	唔該畀啲水我	請 給 我 一 些 水 qǐng gěi wǒ yī xiē shuǐ
おちついて！ ochitsuite!	冷靜啲！	冷 靜 點 (兒) ！ lěng jìng diǎnr
しんこきゅうして。 Shinkokyuu shite.	深呼吸	深 呼 吸 shēn hū xī
どこのちょうしがわるいですか。 Doko no chooshi ga warui desu ka?	你邊度唔舒服？	你 哪 裏 感 到 不 舒 服 ？ nǐ nǎ li gǎn dào bù shū fu
わたしは… Watashi wa ...	我 ...	我 ... wǒ
― ひざ/かかと をねんざして Hiza kakato o nenza shite しまいました。 shimaimashita.	― 扭親膝頭 / 扭親腳踭	― 扭 傷 了 膝 蓋/ niǔ shāng le xī gài 扭 傷 了 腳 跟 niǔ shāng le jiǎo gēn
― て/あし をおってしまい Te/ashi o otte shimai ました。 mashita.	― 跌斷手 / 跌斷腳	― 摔 斷 手/摔 斷 腳 shuāi duàn shǒu shuāi duàn jiǎo

日本語	廣東話	普通話
― はなをぶつけてけがを Hana o butsukete , kega o してしまいました。 shite shimaimashita.	― 撞親個鼻	― 碰 傷 了 鼻 子 　pèng shāng le bí zi
いのちょうしがわるいです。 I no chooshi ga warui desu.	我個胃唔舒服	我 的 胃 不 舒 服 wǒ de wèi bù shū fu
けいれんしています。 Keeren shiteimasu.	我抽筋	我 抽 筋 wǒ chōu jīn
ころんでけがをして Koronde kega o shite しまいました。 shimaimashita.	我跌親	我 摔 倒 wǒ shuāi dào
くるまにぶつかって Kuruma ni butsukatte しまいました。 shimaimashita.	我畀架車撞倒	我 被 一 輛 車 撞 倒 wǒ bèi yī liàng chē zhuàng dǎo
しんぞうびょうが Shinzoobyoo ga あります。 arimasu.	我有心臟病	我 有 心 臟 病 wo yǒu xīn zàng bǐng
すべってけがをして Subette kega o shite しまいました。 shimaimashita.	我跌親	我 滑 倒 wǒ huá dǎo
ちゅうしゃをします。 Chuusha o shimasu.	我哋會幫你打針	我 們 會 幫 你 注 射 wǒ men huì bāng nǐ zhù shè

日本語	廣東話	普通話
さかなのほねを Sakana no hone o のんでしまいました。 nonde shimaimashita.	我吞咗條魚骨	我 吞 了 魚 刺 wǒ tūn le yú cì
しゅっけつしています。 Shukketsu shite imasu.	我流血	我 流 血 wǒ liú xuè
かれはどのくらいにゅういん Kare(M)wa donokurai nyuuin しますか。 shimasu ka?	佢會留院幾耐？	他 會 留 院 多 久？ tā huì liú yuàn duō jiǔ
ふつうはふつかほどの Futsuu wa futsuka hodo no にゅういんがひつようです。 nyuuin ga hitsuyoo desu.	依照慣常嘅程 序，佢要留院觀 察兩日	依 照 通 常 的 程 序 ， yī zhào tōng cháng de chéng xù 他 需 要 留 院 觀 察 兩 tā xū yào liú yuàn guān chá liǎng 天 tiān
かのじょはだいじょうぶです Kanojo(F) wa daijoobu desu か。いのちにはべつじょう ka? Inochi niwa betsujoo ないですか。 nai desu ka?	佢無事吖嘛？佢會 唔會死？	他 沒 事 吧？他 會 不 會 tā méi shì ba tā huì bu huì 死？ sǐ
しんぱいしないでください。 Shinpai shinaide kudasai. かのじょはまもなくたいいん Kanojo(F) wa mamonaku taiin できますよ。 dekimasu yo.	唔使擔心，佢好 快就走得	不 用 擔 心 ， 他 很 bù yòng dān xīn tā hěn 快 可 以 出 院 kuài kě yǐ chū yuàn

日本語	廣東話	普通話
なんにちかやすむひつようが Nannichika yasumu hitsuyoo ga あります。 arimasu.	佢要休息幾日	他 需 要 休 息 幾 天 tā xū yào xiū xi jǐ tiān
そんなにひどくないです。 Sonnani hidokunai desu.	唔係好嚴重	不 是 很 嚴 重 bù shì hěn yán zhòng
かのじょはまだきけんな Kanojo(F) wa mada kiken na じょうたいにあります。 jootai ni arimasu.	佢仲喺危險期	他 還 在 危 險 期 tā hái zài wēi xiǎn qī
かのじょをしゅうちゅう Kanojo(F) o shuuchuu ちりょうしつ (ICU) に chiryooshitsu (ICU) ni うつします。 utsushimasu.	我哋會轉送佢去 深切治療部	我 們 會 轉 送 他 去 wǒ men hui zhuǎn sòng tā qù 深 切 治 療 部 shēn qiè zhì liáo bù
けつえきけんさをします。 Ketsueki kensa o shimasu.	我哋會幫你驗血	我 們 會 幫 你 驗 血 wǒ men huì bāng nǐ yàn xuè
HIVのけんさをしたことが HIV no kensa o shita koto ga ありますか。 arimasu ka?	你有無做過愛滋 病測試？	你 有 沒 有 做 過 愛 nǐ yǒu méi yǒu zuò guò ǎi 滋 病 測 試 ？ zī bìng cè shì
かんえんのよぼうちゅうしゃを Kan-en no yoboo chuusha o したことがありますか。 shita koto ga arimasuka?	你有無打過肝炎 嘅疫苗？	你 有 沒 有 注 射 過 肝 nǐ yǒu méi yǒu zhù shè guò gān 炎 的 疫 苗 ？ yán de yì miáo
そとでまっていてください。 Sotode matte ite kudasai.	喺出面等，唔該	在 外 面 等 ， 謝 謝 zài wài miàn děng xiè xie

日本語	廣東話	普通話
あとでせんせいがあなたと Atode sensee ga anata to はなしをします。 hanashi o shimasu.	醫生一陣就會見你	醫生 待 會（兒）就 會 yī shēng dài huìr jiù huì 見 你 jiàn nǐ
できるだけはやくしゅじゅつを Dekirudake hayaku shujutsu o してあげます。 shiteagemasu.	我哋會盡快同佢 做手術	我 們 會 盡 快 替 他 wǒ men huì jìn kuài tì tā 做 手 術 zuò shǒu shù
かれにしゅじゅつをするために Kare(M)ni shujutsu o suru tame ni あなたのどういがひつようです。 anata no dooi ga hitsuyoo desu.	我哋需要你嘅批准 先可以同佢做手術	我 們 需 要 你 的 批 准 wǒ men xū yào nǐ de pī zhǔn 才 可 以 替 他 做 手 術 cái kě yǐ tì tā zuò shǒu shù
このようしにきにゅうして Kono yooshi ni kinyuu shite ください。 kudasai.	唔該填咗呢份表先	請 先 填 這 張 表 qǐng xiān tián zhè zhāng biǎo
けいさつはあなたからじこの Keesatsu wa anata kara jiko no しょうげんをとるひつようが shoogen o toru hitsuyoo ga あります。 arimasu.	警方需要你幫單意 外落口供	警 方 需 要 你 為 這 jǐng fāng xū yào nǐ wèi zhè 個 意 外 作 口 供 ge yì wài zuò kǒu gòng
なにがほしいですか。おみず、 Nani ga hoshii desu ka? omizu, おちゃ、それともコーヒーですか。 ocha, soretomo koohii desu ka?	你要一杯水、茶定 係咖啡？	你 要 一 杯 水 、 茶 nǐ yào yī bēi shuǐ chá 還 是 咖 啡？ hái shì kā fēi
カフェテリアへなにかたべに Kafeteria e nanika tabeni いったらどうですか。 ittara doo desu ka?	去咖啡屋度食啲 嘢啦	到 咖 啡 室 吃 點（兒）東 dào kā fēi shì chī diǎnr dōng 西 吧 xi ba

日本語	廣東話	普通話
ホテル/いえに でんわして Hoteru / ie ni denwa shite くれませんか。 kuremasen ka?	你可唔可以打電話 去我酒店/屋企？	你 可 以 打 電 話 去 nǐ kě yǐ dǎ diàn huà qù 我 的 酒 店/家 嗎？ wǒ de jiǔ diàn jiā ma
かかりつけのいしゃに Kakari tsuke no isha ni きんきゅうのでんわを kinkyuu no denwa o したいです。 shitai desu.	我想打緊急電話畀 我哋個家庭醫生	我 想 打 緊 急 電 話 給 wǒ xiǎng dǎ jǐn jí diàn huà gěi 我 們 的 家 庭 醫 生 wǒ men de jiā tíng yī shēng
このくすりをのみます。 Kono kusuri o nomimasu.	我要食呢隻藥	我 要 吃 這 種 藥 wǒ yào chī zhè zhǒng yào
インフルエンザ•その他　流感及其他		CH16_02
よぼうほう yoboohoo	預防方法：	預 防 方 法： yù fáng fāng fǎ
— こうきょうのばではマスク Kookyoo no ba dewa masuku をします。 o shimasu.	— 喺公眾場所戴上 口罩	— 在 公 眾 場 所 戴 zài gōng zhòng chǎng suǒ dài 上 口 罩 shàng kǒu zhào
— …をさわったら、せっ … o sawattara, sek けんでてをあらいます。 ken de te o araimasu.	— 喺接觸過…之後 即刻用番梘洗手	— 在 觸 摸 過 … 之 後 zài chù mō guò … zhī hòu 馬 上 用 肥 皂 洗 手 mǎ shàng yòng féi zào xǐ shǒu
• ドアノブ doanobu	• 門柄	• 門 柄 mén bǐng
• エレベーターのボタン erebeetaa no botan	• 升降機掣	• 升 降 機 按 鈕 shēng jiàng jī àn niǔ
— ひょうはくざいでゆかや Hyoohakuzai de yuka ya かぐをしょうどくします。 kagu o shoodoku shimasu.	— 用漂白水消毒 地板同家具	— 用 漂 白 水 消 毒 yòng piǎo bái shuǐ xiāo dú 地 板 及 家 具 dì bǎn jí jiā jù

日本語	廣東話	普通話
しょうじょう Shoojoo	病徵：	症 狀 ： zhèng zhuàng
ーせき Seki	― 咳嗽	― 咳 嗽 ké sou
― ねつ Netsu	― 發燒	― 發 燒 fā shāo
― こきゅうきかんのびょうき kokyuu kikan no byooki	― 呼吸管道疾病	― 呼 吸 管 道 疾 病 hú xī guǎn dào jí bìng
― げり Geri	― 肚瀉	― 腹 瀉 fù xiè
がいしゅつをひかえます。 Gaishutsu o hikaemasu.	留喺屋企接受隔離	留 在 家 裏 接 受 隔 離 liú zài jiā lǐ jiē shòu gé lí
はやめにせいふのいりょうきかん Hayame ni seefu no iryookikan にれんらくします。 ni renraku shimasu.	盡快通知醫護人員	盡 快 通 知 醫 療 人 員 jìn kuài tōng zhī yī liáo rén yuán
とりインフルエンザ Tori infuruenza	禽流感	禽 流 感 qín liú gǎn
しんがたインフルエンザ Shingata infuruenza	人類甲型流感	人 類 甲 型 流 感 rén lèi jiá xíng liú gǎn
SARS/しんがたはいえん Saazu Shingata haien	非典型肺炎	非 典 型 肺 炎 fēi diǎn xíng fèi yán

日本語	廣東話	普通話
あのどろぼうをつかまえて！ Ano doroboo o tsukamaete!	捉住個賊！	抓 賊！ zhuā zéi
たすけて！ Tasukete!	救命！	救 命！ jiù mìng
けいさつにしらせますから、 Keesatsu ni shirasemasu kara, おちついてください。 ochitsuite kudasai.	我會報警架喇， 請冷靜啲！	我 會 報 警， wǒ huì bào jīng 請 冷 靜 點（兒）！ qǐng lěng jìng diǎnr
ホテルのセキュリティは Hoteru no sekyuritii wa どこですか。 dokodesu ka?	酒店保安部喺邊？	酒 店 的 保 安 部 在 jiǔ diàn de bǎo ān bù zài 哪（兒）？ nǎr
なにがあったんですか。 Nani ga attan desu ka?	發生咩事呀？	發 生 甚 麼 事？ fā shēng shén me shì
もよりのけいさつはどこ Muyori no keesatsu wa doko ですか。 desu ka?	最近嘅警局喺邊 呀？	最 近 的 警 察 局 在 zuì jìn de jǐng chá jú zài 哪 兒？ nǎr
すみません。てつだってもらい Sumimasen. Tetsudatte morai たいのですが。 taino desu ga.	唔好意思，我想 你幫下我手	不 好 意 思，我 想 你 bu hǎo yì si wǒ xiǎng nǐ 幫 我 一 下 bāng wǒ yī xià
みちにまよってしまいました。 Michi ni mayotte shimaimashita.	我蕩失路呀！	我 迷 路 了！ wǒ mí lù le
あのひとはどこへいきましたか。 Ano hito wa doko e ikimashita ka?	佢跑咗去邊？	他 跑 哪（兒）去 了？ tā pǎo nǎr qù le

日本語	廣東話	普通話
あちらです。 Achira desu.	嗰邊	那 邊 nà biān
…をなくしてしまいました。 ... o nakushite shimaimashita.	我唔見咗…	我 掉 了 … wǒ diào le
－ MP3プレーヤー MP3 pureeyaa.	－ MP3機	－ MP3 機 jī
－ さいふ saifu	－ 銀包	－ 錢 包 qián bāo
－ みぶんしょうめいしょ mibun shoomeesho	－ 身份證	－ 身 份 證 shēn fèn zhèng
－ こぜにいれ kozeni ire	－ 散紙包	－ 零 錢 包 líng qián bāo
－ バッグ baggu	－ 手袋	－ 手 提 包 shǒu tí bāo
－ パスポート pasupooto	－ 護照	－ 護 照 hù zhào
－ とけい tokee	－ 錶	－ 手 錶 shǒu biǎo
－ けいたいでんわ keetai denwa	－ 手提電話	－ 手 機 shǒu jī
－ アクセサリー Akusesarii	－ 首飾	－ 首 飾 shǒu shì
－ しょうめいしゃしん Shoomee shashin	－ 證件相	－ 證 件 照 zhèng jiàn zhào
－ うんてんめんきょしょう unten menkyoshoo	－ 駕駛執照	－ 駕 駛 執 照 jià shǐ zhí zhào
－ トラベラーズチェック Toraberaazu chekku	－ 旅遊支票	－ 旅 遊 支 票 lǚ yóu zhī piào
わすれものはどこで Wasuremo no wa doko de うけとりますか。 uketori masu ka?	失物認領處喺邊？	失 物 認 領 處 在 shī wù rèn lǐng chù zài 哪 裏？ nǎ li
どこにそれをわすれましたか。 Doko ni sore o wasuremashita ka?	你喺邊度漏咗你 啲嘢？	你 在 哪（兒）落 下 你 nǐ zài nǎr là xià nǐ 的 東 西？ de dōng xi

日本語	廣東話	普通話
…にわすれものをしました。 … ni wasuremono o shimashita.	我漏咗啲嘢喺…	我 在 … 落 下 了 東 西 wǒ zài là xià le dōng xi
わかりません。/ なにもわかり Wakarimasen　nanimo wakari ません。 masen.	我唔知呀/我乜都 唔知！	我 不 知 道/我 甚 麼 wǒ bù zhī dào wǒ shén me 都 不 知 道！ dōu bù zhī dào
おぼえていません。ほんとうに。 Oboete imasen.　Hontooni.	我唔記得喇，我 真係記唔起	我 不 記 得 了 ， 我 真 wǒ bù jì dé le wǒ zhēn 的 記 不 起 了 de jì bù qǐ le
どうやってなくしたものをみつけ Dooyatte nakushita mono o mitsuke られますか。 rare masu ka?	我點樣可以搵番 啲嘢？	我 怎 樣 才 可 以 找 wǒ zěn yàng cái kě yǐ zhǎo 回 失 去 的 東 西？ huí shī qù de dōng xi
あのひとにとられました。 Ano hito ni toraremashita	佢偷咗我啲嘢	他 偷 了 我 的 東 西 tā tōu le wǒ de dōng xi
ごうとうにあいました。 Gootoo ni niaimashita	我畀人打劫	我 被 人 搶 劫 了 wǒ bèi rén qiǎng jié le
どんなひとでしたか。 Donna hito deshita ka?	佢咩樣架？	他 是 甚 麼 樣 子 的？ tā shì shén me yàng zi de
このおとこですか Kono otoko desu ka?	係咪呢個男人？	是 不 是 這 個 男 人？ shì bu shì zhè ge nán rén
はい、そうです。 Hai, soo desu.	係，係佢呀！	對 ， 就 是 他！ duì jiù shì tā
これはあなたのですか。 Kore wa anata no desu ka?	呢個係咪你嘅？	這 是 不 是 你 的？ zhè shì bu shì nǐ de

日本語	廣東話	普通話
はい、そうです。 Hai, soo desu.	係，呢個係我嘅	是 ， 這 是 我 的 shì　zhè shì wǒ de
けいさつにとどけたいです。 Keesatsu ni todoketai desu.	我想報案	我 想 報 案 wǒ xiǎng bào àn
おちついてください。 Ochitsuite kudasai.	你冷靜啲啦！	你 冷 靜 點（兒）吧！ nǐ lěng jìng diǎnr ba
ここにいてください！ Koko ni ite kudasai!	留嚟呢度！	留 在 這（兒）！ liú zài zhèr
このようしにきにゅうして Kono yooshi ni kinyuushite ください。 kudasai.	填咗呢張表	先 填 這 張 表 格 xiān tián zhè zhāng biǎo gé
どうしましたか。 Doo shimashita ka?	發生咗啲咩事？	發 生 了 甚 麼 事？ fā shēng le shén me shì
なにをいいたいのですか。 Nani o iitaino desu ka?	你想講咩呀？	你 想 說 甚 麼？ nǐ xiǎng shuō shén me
わかりません。 Wakarimasen.	我唔知呀！	我 不 知 道！ wǒ bù zhī dào
このおとこのひとによると… kono otoko no hito ni yoru to …	呢個男人話…	這 個 男 人 說 … zhè ge nán rén shuō
このひとがわたしのものを Kono hito ga watashi no mono o ぬすもうとしています。 nusumoo to shite imasu.	呢個人想偷我嘢	這 個 人 想 偷 我 zhè ge rén xiǎng tōu wǒ 的 東 西 de dōng xi

日本語	廣東話	普通話
あのおんなのひとがどろぼうを Ano onna no hito ga doroboo o つかまえようとしていました。 tsukamaeyoo to shite imashita.	嗰個女人想捉賊！	那 女 人 想 抓 賊！ nà nǚ rén xiǎng zhuā zéi
かれ がここであなたのものを Kare(M) ga koko de anata no mono o ぬすんだのです。 nusundano desu.	佢就喺呢度偷 你嘢	他 就 在 這(兒) 偷 你 tā jiù zài zhèr tōu nǐ 的 東 西 de dōng xi
どうもありがとうございました。 Doomo arigatoo gozaimashita.	真係唔該晒！	非 常 感 謝！ fēi cháng gǎn xiè
でんわするけんりがあります。 Denwa suru kenri ga arimasu.	你有權打電話	你 有 權 打 電 話 nǐ yǒu quán dǎ diàn huà
もくひけんがありますが、あなた Mokuhiken ga arimasuga, anata のいったことはさいばんしょ no itta koto wa saibansho でしょうげんになります。 de shoogen ni narimasu.	你有權保持緘 默，但你所講嘅 嘢將會成為呈堂 證供	你 有 權 保 持 緘 默， nǐ yǒu quán bǎo chí jiān mò 但 你 所 説 的 將 會 dàn nǐ suǒ shuō de jiāng huì 成 為 呈 堂 證 供 chéng wéi chéng táng zhèng gòng
これはごかいです。 Kore wa gokai desu.	呢個係一個誤會	這 是 一 個 誤 會 zhè shì yī ge wù huì
わたしはここにいてもやくに Watashi wa koko ni itemo yaku ni たちません。 tachimasen.	我喺嗰度都無用	我 留 在 這 裏 也 沒 wǒ liú zài zhè lǐ yě méi 甚 麼 用 處 shén me yòng chù
あなたはべんごしがいますか。 Anata wa bengoshi ga imasu ka?	你有無代表律師？	你 有 沒 有 代 表 律 師？ nǐ yǒu méi yǒu dài biǎo lǜ shī

日本語	廣東話	普通話
数 數字		🔘 *CH18_01*
れい/ゼロ Ree zero	零 / 0	零 líng
いち Ichi	一 / 1	一 yī
に Ni	二 / 2	二 èr
さん Sān	三 / 3	三 sān
し/よん Shi/yon	四 / 4	四 sì
ご Go	五 / 5	五 wǔ
ろく Roku	六 / 6	六 liù
しち/なな Shichi/nana	七 / 7	七 qī
はち Hachi	八 / 8	八 bā
く/きゅう Ku/ kyuu	九 / 9	九 jiǔ
じゅう Juu	十 / 10/ 拾	十 / 拾 shí
じゅういち Juu ichi	十一 / 11	十 一 shí yī
じゅうに Juu ni	十二 / 12	十 二 shí èr

日本語	廣東話	普通話	
じゅうさん Juu san	十三 / 13	十 shí	三 sān
じゅうし/じゅうよん Juu shi/ juu yon	十四 / 14	十 shí	四 sì
じゅうご Juu go	十五 / 15	十 shí	五 wǔ
じゅうろく Juu roku	十六 / 16	十 shí	六 liù
じゅうしち/じゅうなな Juu shichi　/ juu nana	十七 / 17	十 shí	七 qī
じゅうはち Juu hachi	十八 / 18	十 shí	八 bā
じゅうく/じゅうきゅう Juu ku　/ juu kyuu	十九 / 19	十 shí	九 jiǔ
にじゅう Ni juu	二十 / 20	二 èr	十 shí
にじゅういち Ni juu ichi	二十一 / 21	二 èr	十 一 shí　yi
にじゅうに Ni juu ni	二十二 / 22	二 èr	十 二 shí　èr
にじゅうさん Ni juu san	二十三 / 23	二 èr	十 三 shí　sān
さんじゅう San juu	三十 / 30	三 sān	十 shí
よんじゅう Yon juu	四十 / 40	四 sì	十 shí
ごじゅう Go juu	五十 / 50	五 wǔ	十 shí

日本語	廣東話	普通話
ろくじゅう Roku juu	六十 / 60	六 十 liù shí
ななじゅう Nana juu	七十 / 70	七 十 qī shí
はちじゅう Hachi juu	八十 / 80	八 十 bā shí
きゅうじゅう Kyuu juu	九十 / 90	九 十 jiǔ shí
ひゃく Hyaku	一百 / 100	一 百 yī bǎi
にひゃく Ni hyaku	二百 / 200	二 百 èr bǎi
さんびゃく San byaku	三百 / 300	三 百 sān bǎi
せん Sen	一千 / 1,000	一 千 yī qiān
にせん Ni sen	二千 / 2,000	一 千 èr qiān
じゅうまん Juu man	十萬 / 100,000	十 萬 shí wàn
ひゃくまん Hyaku man	一百萬 / 1,000,000	一 百 萬 yī bǎi wàn
じゅうおく Juu oku	十 億 / 1,000,000,000	十 億 shí yì
いちばん Ichi ban	第一	第 一 dì yī
にばん Ni ban	第二	第 二 dì èr

日本語	廣東話	普通話
さんばん San ban	第三	第　三 dì　sān
よんばん Yon ban	第四	第　四 dì　sì
ごばん Go ban	第五	第　五 dì　wǔ
ろくばん Roku ban	第六	第　六 dì　liù
ななばん Nana ban	第七	第　七 dì　qī
はちばん Hachi ban	第八	第　八 dì　bā
きゅうばん Kyuu ban	第九	第　九 dì　jiǔ
じゅうばん Juu ban	第十	第　十 dì　shí
じゅういちばん Juu ichi ban	第十一	第　十　一 dì　shí　yī
じゅうにばん Juu ni ban	第十二	第　十　二 dì　shí　èr
曜日 星期		🔘 **CH18_02**
げつようび Getsu yoobi	星期一	星　期　一 xīng　qī　yī
かようび Ka yoobi	星期二	星　期　二 xīng　qī　èr
すいようび Sui yoobi	星期三	星　期　三 xīng　qī　sān

日本語	廣東話	普通話
もくようび Moku yoobi	星期四	星　期　四 xīng qī sì
きんようび Kin yoobi	星期五	星　期　五 xīng qī wǔ
どようび Do yoobi	星期六	星　期　六 xīng qī liu
にちようび Nichi yoobi	星期日	星　期　日 xīng qī rì

月 月份　　　　　　　　　　　　CH18_03

いちがつ Ichi gatsu	一月	一　月 yī yuè
にがつ Nigatsu	二月	二　月 èr yuè
さんがつ Sangatsu	三月	三　月 sān yuè
しがつ Shigatsu	四月	四　月 sì yuè
ごがつ Gogatsu	五月	五　月 wǔ yuè
ろくがつ Rokugatsu	六月	六　月 liù yuè
しちがつ Shichigatsu	七月	七　月 qī yuè
はちがつ Hachigatsu	八月	八　月 bā yuè
くがつ Kugatsu	九月	九　月 jiǔ yuè
じゅうがつ Juugatsu	十月	十　月 shí yuè

日本語	廣東話	普通話
じゅういちがつ Juuichigatsu	十一月	十 一 月 shí yī yuè
じゅうにがつ Juunigatsu	十二月	十 二 月 shí èr yuè

時間 時間

CH18_04

日本語	廣東話	普通話
いまなんじですか。 Ima nanji desu ka?	宜家幾多點？	現 在 幾 點 ？ xiàn zài jǐ diǎn
－ しちじです。 Shichiji desu.	－ 七點	－ 七 點 qī diǎn
－ はちじです。 Hachiji desu.	－ 八點	－ 八 點 bā diǎn
－ さんじです。 Sanji desu.	－ 三點	－ 三 點 sān diǎn
－ じゅうじです。 Juuji desu.	－ 十點	－ 十 點 shí diǎn
－ しちじじゅっぷんです Shichiji juppun desu.	－ 七點二	－ 七 點 十 分 qī diǎn shí fēn
－ しちじじゅうごふんです。 Shichiji juugo fun desu.	－ 七點三	－ 七 點 十 五 分 qī diǎn shí wǔ fēn
－ しちじはん／ しちじさん Shichiji han / shichiji san じゅっぷんです。 juppun desu.	－ 七點半	－ 七 點 三 十 分 qī diǎn sān shí fēn
－ にじよんじゅうごふん Niji yonjuugo fun です。 desu.	－ 兩點九	－ 兩 點 四 十 五 分 liǎng diǎn sì shí wǔ fēn
－ ごじごじゅうごふん／ Goji gojuugo fun / ろくじごふんまえです。 rokuji go fun mae desu.	－ 五點搭 十一／五點五 十五分	－ 五 點 五 十 五 分 wǔ diǎn wǔ shí wǔ fēn
なんじにしゅっぱつしますか。 Nanji ni shuppatsu shimasuka?	我哋幾多點走？	我 們 甚 麼 時 候 離 開 ？ wǒ men shén me shí hou lí kāi

日本語	廣東話	普通話
れっしゃはなんじにつきます Ressha wa nanji ni tsukimasu か。 ka?	架火車幾點到？	火 車 甚 麼 時 候 到 達？ huǒ chē shén me shí hou dào dá
－ ごぜんくじです。 Gozen kuji desu.	－ 朝早九點	－ 早 上 九 點 zǎo shang jiǔ diǎn
－ いちじです。 Ichiji desu.	－ 一點	－ 一 點 鐘 yī diǎn zhōng
－ ろくじです。 Rokuji desu.	－ 六點	－ 六 點 liù diǎn
－ じゅっぷんいないです。 Juppun inai desu.	－ 十分鐘內	－ 十 分 鐘 內 shí fēn zhōng nèi
－ さんじゅっぷんいない San juppun inai です。 desu.	－ 半個鐘頭內	－ 三 十 分 鐘 內 sān shí fēn zhōng nèi
－ いちじかんいないです。 Ichi jikan inai desu.	－ 一個鐘頭內	－ 一 小 時 內 yī xiǎo shí nèi
びょう Byou	秒	秒 miǎo
ふん Fun	分	分 fēn
じ Ji	時	時 shí
にち Nichi	日	日 rì
ようび Yoobi	星期	星 期 xīng qī
つき Tsuki	月	月 yuè
ねん/とし Nen /toshi	年	年 nián

日本語	廣東話	普通話
あさ／ごぜん Asa ／gozen	朝頭早	早 上 zǎo shang
まいあさ Maiasa	每朝	每 天 早 上 měi tiān zǎo shang
ごご Gogo	下畫	下 午 xià wǔ
まいにちのごご Mai nichi no gogo	每日下畫	每 天 下 午 měi tiān xià wǔ
よる／ばん Yoru ／ban	夜晚	晚 上 wǎn shang
こんばん／こんや Konban ／kon-ya	今晚	今 天 晚 上 jīn tiān wǎn shang
まいばん Maiban	每晚	每 天 晚 上 měi tiān wǎn shang
ひる／しょうご Hiru ／ shoogo	正午	正 午 zhèng wǔ
ひる に／しょうごに Hiru ni ／shoogo ni	喺正午	在 正 午 zài zhèng wǔ
ごぜんれいじに Gozen reeji ni	喺午夜	在 午 夜 zài wǔ yè
いま Ima	宜家	現 在 xiàn zài
きょう Kyoo	今日	今 天 jīn tiān
あした Ashita	聽日	明 天 míng tiān
－ あしたのあさ Ashita no asa	－ 聽朝	－ 明 天 早 上 míng tiān zǎo shang
－ あしたのごご Ashita no gogo	－ 聽日下畫	－ 明 天 下 午 míng tiān xià wǔ

日本語	廣東話	普通話
ー あしたのよる Ashita no yoru	ー 聽晚	ー 明 天 晚 上 míng tiān wǎn shang
きのう Kinoo	尋日	昨 天 zuó tiān
ー きのうのあさ Kinoo no asa	ー 尋日朝早	ー 昨 天 早 上 zuó tiān zǎo shang
ー きのうのごご Kinoo no gogo	ー 尋日下晝	ー 昨 天 下 午 zuó tiān xià wǔ
ー きのうのよる/ゆうべ Kinoo no yoru / yuube	ー 尋晚	ー 昨 天 晚 上 zuó tiān wǎn shang
あさつて Asatte	後日	後 天 hòu tiān
おととい Ototoi	前日	前 天 qián tiān
らいしゅう Raishuu	下個禮拜	下 個 星 期 xià ge xīng qī
せんげつ Sengetsu	上個月	上 個 月 shàng ge yuè
いちねん Ichinen	一年	一 年 yī nián
きょねん Kyonen	上年	去 年 qù nián
らいねん Rainen	下年	明 年 míng nián
しんねんあけましておめでとう Shinnen akemashite omedetoo ございます。 gozaimasu.	新年快樂	新 年 快 樂 xīn nián kuài lè

日本語	廣東話	普通話
せんきゅうひゃくきゅうじゅう Sen kyuu hyaku kyuu juu しちねん shichi nen	一九九七年	一 九 九 七 年 yī jiǔ jiǔ qī nián
にせんじゅうねん Ni sen juu nen	二零一零年	二 零 一 零 年 èr líng yī líng nián
たんじょうび Tanjoobi	生日	生 日 shēng rì
やすみ Yasumi	假期	假 期 jià qī
しゅくじつ Shukujitsu	公眾假期	公 眾 假 期 gōng zhòng jià qī

季節と天気　季節和天氣　　　　　　　　　　　CH18_05

日本語	廣東話	普通話
うき/つゆ Uki /tsuyu	雨季	雨 季 yǔ jì
ふゆ Fuyu	冬天	冬 天 dōng tiān
はる Haru	春天	春 天 chūn tiān
なつ Natsu	夏天	夏 天 xià tiān
あき Aki	秋天	秋 天 qiū tiān
かんき Kanki	旱季	旱 季 hàn jì
きせつふう Kisetsu fuu	季候風	季 候 風 jì hòu fēng
あついです。 Atsui desu.	天氣好熱	天 氣 很 熱 tiān qì hěn rè

日本語	廣東話	普通話
さむいです。 Samui desu.	天氣好凍	天氣 很 冷 tiān qì hěn lěng
さわやかです。 Sawayaka desu.	好涼爽	很 涼 快 hěn liáng kuài
こうずいです。 Koozui desu.	水浸	水 淹 shuǐ yǎn
あめがふります。 Ame ga furimasu.	落雨	下 雨 xià yǔ
いいてんきです。 Ii tenki desu.	天氣好好	天氣 很 好 tiān qì hěn hǎo
ひどいあめです。 Hidoi ame desu.	落好大雨	下 大 雨 xià dà yǔ
もうよるおそくなりました。 Moo yoru osoku narimashita.	好夜喇	很 晚 了 hěn wǎn le
くらくなりました。 Kuraku narimashita.	天都黑喇	天 黑 了 tiān hēi le
よがあけました。 Yo ga akemashita	已經天光	已 經 天 亮 yǐ jīng tiān liàng
たいふうがきています。 Taifuu ga kiteimasu.	有颱風	刮 颱 風 guā tái fēng